JN410409

남복희 수필집

# 꿈, 연두로 그리다

소소리

꿈, 연두로 그리다

남복희 수필집

1판 1쇄 인쇄/ 2014년 10월 15일
1판 1쇄 발행/ 2014년 10월 20일

지은이 / 남 복 희
펴낸이 / 우 희 정
펴낸곳 / 도서출판 소소리

등록 / 제300-2007-21호
주소 110-521 서울 종로구 혜화로35길, 302-1호
(명륜동, 경주이씨중앙회빌딩)
전화 / 765-5663, 766-5663(Fax)
e-mail: sosori39@hanmail.net
www.sosori.net

값 10,000 원

*잘못된 책은 바꿔드립니다.

ISBN 978-89-97294-78-7 03810

# 꿈,

# 연두로 그리다

남복희 수필집

책을 내면서

## 연둣빛 새순은 기적이다

마지막 정열이듯 곱게 핀 3월의 동백꽃 다섯 송이는 새로운 기쁨과 용기를 주었다. 꽃과는 달리 싱싱한 잎사귀가 윤기를 잃어가고 있었다. 한동안 무관심한 게 마음에 걸려 내심 걱정하고 있는데 더운 6월 시멘트처럼 단단해진 동백 밑동에서 연두 점, 붉은 점이 어렵게 얼굴을 내밀고 있었다.

얼마나 힘찬 발걸음인가. 붉은 줄기가 실처럼 나오더니 바람에 스러질 것 같았다. 갓난아기의 작은 손톱모양의 연두 순을 달고 있었다. 온 가족이 모여서 그 신기한 모습에 빠졌다. 며칠 지나니 조금씩 잎이 자라고 아직은 붉은 빛이 서린 윤기 있는 어린잎들이 부끄럼타듯 얼굴을 숨기고 있다.

시멘트처럼 단단해진 나무줄기에서 어떻게 이런 연한 순이 나올 수 있는지 새삼 생명에의 신비에 머리가 숙여진다. 세상은 함께 살아가는 것이 맞다. 서로를 돕고 바람도 되고 비도 되고 영양이 되어서, 꽃도 가져오고 새순도 보면서 용기를 얻고, 새로운 삶을 계획하고 감사하는 마음을 갖게 한다. 해서, 연둣빛 새순은 기적이다.

오래된 동백나무는 더운 여름에도 새 가족을 맞고 있었다. 겉모습은 후퇴하나 가슴 속에서 새 기운, 연두 순이 여섯 식구를 데리고 왔다. 아직 손이 많이 가는 어린애다. 엄마의 젖냄새가 아직 풍기고 고운 얼굴 모습이 천사처럼 부드럽게 흔들리고 있는 동백의 새 식구들이 우리 집에 좋은 일을 가져올 것 같다.

작은 나비문양이 4월의 벚꽃처럼 잔잔하게 펼쳐진 꽃분홍치마에 밝은 연두 삼회장저고리를 입고 희망에 들뜨던 새색시 적의 내 사진이 새삼 떠오르며, 연두와의 첫 만남이 오래됨을 알게 되었다.

그동안 바람이 되어주시고 햇빛이 되어주신 수필가족 특히 오교수님의 깊고 넓은 가르침에 감사드린다. 그리고 수수문학 회원 여러분에게도. 또한 세 자녀와 나의 기쁨조인 다섯 손주들에게도 '사랑한다'는 말을 얹어 이 책을 선물한다. 그러니, 연두는 또 한 번 다시 시작하는 것이다.

2014년 여름에 동백의 새순을 보면서

연두 남복희

▷ 차 례

## 2. 안개는 추억을

## 3. 달빛무늬의 손자

## 4. 장호항에서

# 1.

# 보랏빛 산책

# 노란색이 따뜻한 이유

안방에 키 작은 노랑 책장이 나를 기쁘게 한다. 넓지 않은 집안에서 가끔 책장을 옮기는 것이 나에게는 마음을 새롭게 할 때 나타나는 현상이다.

벽에 붙여놓았다가 칸나누기처럼 창가 쪽에서 떨어지게 옮겨놓아 변화를 주었다. 어느 날 책장뒷면에서 베니어 조각이 낡아 부스러기가 생겼다. 오랜만에 버릴까 생각하다 책장 앞과 옆면 노랑이 아직 산뜻하여 뒷면이 보이지 않게 벽면에 사선으로 붙이니 새롭게 보였다.

첫 칸에는 신앙서적, 둘째 칸에는 시조집, 국수로 지은 집, 셋째 칸에는 철학을 권하다, 넷째 칸에는 화가아버지가 딸에게 보낸 그림편지가 있다.

그동안 내가 좋아하는 책만 구입하여 보관하고 즐거워했지 말없이 책을 지켜준 노랑 책장에게는 무심했다. 오랜 시간 생활하다보면 가구도 가족이 된다. 그래서 정이 가고 쉽게 버리지 못한다.

올해는 노랑이다. 가을이 오면 붉은 단풍보다 산등성이의 노란 산국이나 모과의 노란색이 끌린다. 감나무, 모과나무가 있는 주택에서 판화 작업을 하는 사촌언니는 10월이면 모과를 선물한다. 차 만들기가 아까워 나무쟁반에 그대로 두고 아끼면서 표현하기 어려운 노란빛과 향기를 감상하고는 한다.

모과의 노란색을 보면 고흐작 '밤의 카페테라스'가 떠오른다. 짙푸른 밤하늘과 대조되는 노랑 의자, 탁자. 실내의 밝음이 마음을 따뜻하게 한다. 자화상에 나타난 거친 화가의 외면과 달리 작품은 우리에게 생기를 준다.

노랑하면 먼저 떠오르는 말이 질투, 강렬한 고집 등이 떠오른다. 젊고 튀고 싶은 사춘기의 반항으로 선뜻 택하지 않으나 외면과 달리 속으로는 따뜻함이 떠오르는 색이다. 봄이다. 무언지 모를 새로운 일들이 생길 것 같은 호기심이 많은 색이다.

봄이 오면 초등학교 교문 주위에 아이들이 모인다. 종이상자에서 삐악삐악하는 소리와 함께 포근하고 샛노란 병아리가 선을 보인다. 앙증맞은 병아리를 갖고 싶어 아이들은 발을 떼지 못한다. 따뜻한 풍경이다.

봄이 오면 키 작은 노란 민들레를 신기하게만 보던 우리들과는 달리 '땅에 가득한 금(滿地金)'으로 표현한 친구 S는 토종민들레를 닮은 흐트러짐이 없는 단정한 모습이었다. 마음이 따뜻한 친구였다.

도심에서 떨어진 곳에서 살 때다. 감나무, 대추나무, 토종꽃나무가 있는 꽃밭 한 쪽에, 항상 생산적인 농사로 가족의 먹을거리를 준비하시는 어머님은 호박을 심으셨다. 여름날 아침이면 등불 켠 듯 노란 호박꽃이 우리의 시선을 끌었다. 초록줄기와 거친 넓은 잎사귀를 거느린 어머님 같은 꽃이다. 말없이 우리를 보듬는 넉넉한 꽃이다. 시장에 나온 동글동글하고 보드라운 조선호박을 보면 어머님이 생각나서 한두 개 꼭 산다.

오래전 의상과가 있는 학교에 근무할 때다. 검정과 베이지색을 좋아한 적이 있다. 모든 감정을 다 안고 있는 색으로 포용력이 있어 보였다. 말이 적은 어느 젊은 여선생은 "블랙이즈 뷰티플"이라고 낮게 말하곤 했다. 자신의 블랙 옷을 해명하듯. 그즈음 가까운 분들과 헤어지는 일들이 일어나자 바닥 모를 검은색이 싫어졌다. 아직 회색은 좋아하지만 밝은 노랑이나 녹색, 분홍이 마음을 가볍게 해서 밝은 색을 좋아하게 되었다. 검정

색을 좋아하는 사람을 보면 아직 건강하고 힘이 있어 보인다.

다양한 색으로 개성을 표현하는 시대다. 우리 집은 실내 소품들이 살구색과 베이지색 등, 전체적으로 밝아서인지 오래된 노랑 키 작은 책장도 어울린다. 오래된 물건은, 아니 노란색은 정이 가고 옛날을 떠올리며 가족처럼 느껴진다.

해서, 키 작은 책장도 환자처럼 병원에 보내야겠다. 새로운 베니어판을 구해서 뒷면을 붙여 오래도록 함께하고 싶다. 노란 빛이 따뜻해서.

# 작은 바람

무더운 7월이다. 안방에는 선풍기 대신 코발트색 '주전자 그림'이 있어 시원함을 준다. 선풍기 대신 행복한 느낌 바람이다.

오래전으로 기억된다. 더위가 심해 선풍기가 동이 나서 멀리 의정부까지 가서 사온 적이 있다. 에어컨 바람은 은행에나 가서 맛보고, 좁은 집에 선풍기 2, 3대로 여름을 지낸 알뜰한 살림시기였다. 지금 생각하니 좁은 주택이지만 작은 꽃밭이 있어 치자꽃이 향기롭다고, 어린아이들과 바쁘게 살았던 시절이었다.

아이들이 자라고 흙마당이 더 넓은 집으로 옮겼다. 가까이에 도봉산이 있고, 토란도 심고 노란 호박꽃도 볼 수 있는 시원한 곳이었다. 한적한 여름날 오후, 햇살에 반짝이는 장독대 옆 대추나무의 연두 잎새는 지금도 사진처럼 선명하다.

이곳 아파트로 이사 와서 처음에는 새로운 환경이라 시원한 것 같았다. 10년이 지나니 집이 더워졌다. 아직은 기계바람보다 시원한 그림이라도 놓아야지 하면서 모아둔 작은 그림에서 청화 백자 포도문 주전자를 찾았다. 19세기 작품으로 크기는 '19(H)7× 8.3'으로 작지만 2005년 K옥션 미술품 경매에서 높은 가격으로 낙찰된 작품이다.

백자주전자 몸체에는 담청색으로 풍성한 포도송이와 잎사귀가 있고 양옆에 자유로운 줄기의 몸짓이 재미있다. 절제된 주둥이가 있고, 주전자뚜껑의 비스듬한 ㄱ자 손잡이는 주둥이와 반대쪽을 향하고 있어 균형을 이루고, 대나무 문양을 2줄로 붙인 5각형의 손잡이에서는 조선시대 선비의 꼿꼿한 모습이 보여지는 그림이다. 이런 포도문 주전자는 나에게 시원함을 준다.

가끔 친구들과의 모임 등으로 찾는 인사동엘 가면 도자기나 옛그릇 등을 전시 판매하는 곳을 쇼윈도 밖에서 쉽게 지나치는데, 이번 청화 백자 포도문 주전자는 달랐다. 주의 깊게 마음의 눈으로 보아서인가, 느낌이 시원하고 재미있어 3년째 안방 선풍기 역할을 하고 있다.

3년 전 책상달력으로 6월에 선보인 그림은 자연바람이었다. 어떤 화려한 그림보다 단정하고 균형 잡힌 청화백자 주전자는 나의 마음을 사로잡은 것 같다. 그림에서 시원함을 찾듯 나도 절제된 언어로 다시 읽고 싶은 글 한 편을 써 보아야겠다.

청화백자 포도문 주전자는 나에게 행복을 알게 한 작은 바람이다.

# 봉 닭

9월 어느 날 수필교실에서 수업이 끝나고 커피 한 잔 들면서 미술관 생각을 한다. 시간이 있거나 뭔가 시들할 때 속 깊은 친구 찾듯 새로운 전시관을 찾는다. 얼마 전부터 관심이 있는 색채화가 김종학과 분청사기로 작업혼이 증명된 윤광조 도예가의 합작전시 오픈 날이어서 사간동에 위치한 갤러리 두가헌엘 갔다. 예상보다 주위가 조용했다. 왕실 도서관처럼 생긴 조용하고 고풍스런 2층 건물이었다.

전시실 1층 중앙 오픈상차림에 쑥송편과 돼지머리 편육, 막걸리, 김치가 커다란 물빛도자기 접시에 풍성하게 담겨있었다. 지면으로만 알고 있던 박관장이 모습을 나타냈다. 단발 커트

머리에 큰 눈, 부드러운 몸매와 어조, 특히 연보랏빛 상의와 검고 긴 스커트가 인상적이었다. 인사를 나누고 있는데 윤광조 도예가님이 특유의 환한 모습으로 음식을 권한다.

1~2층에 전시된 작품은 50점에 가깝다. 화병에 설악의 여름을 담고 네모진 도판에 가을들녘, 수세미, 설악백호, 황소머리, 말, 금계 등을 그리고 원형도판에 들풀, 민들레가 자연미를 물씬 풍기는 전시작품들이다. 작품을 천천히 보면서 자연스럽게 닭그림을 보았다.

2층에 봉닭이라는 20×23.5센티의 작은 적점토판에 귀얄, 대나무 칼로 음각, 투명유로 처리한 순진한 눈과 자신을 봉황으로 착각하는 네 벼슬이 왕관처럼 뚜렷하고, 페티코트처럼 꽁지를 부풀린 닭의 모습에 순간 빠졌다. 붓질 사이로 편한 회색이 나타난 자연스러운 바탕에 소박하고 천진난만함이 어우러진 한국적인 도화 작품이었다.

김종학 화백과 윤광조 도예가님이 '1대 1'로 만나 한 사람은 흙을 굽고 한쪽은 쇠못이나 대꼬챙이, 철사 등으로 도판 위에 드로잉하거나 부조로 붙였다. 강한 개성과 외곬기질이 비슷한 두 사람이 공동 작업한 결과물은 소박하면서도 해학적인 한국 전통의 멋과 풍류를 느끼게 한다. 풍류는 고달픈 현실 생활 속에서도 마음의 여유를 갖고 우아하게 삶을 즐길 줄 아는 멋스러운 정취이다.

두해 전 가을에 미술 이미지교실에서 경주 도덕산에 위치한 바람골을 찾은 적이 있다. 외진 곳에서 30년 넘게 작업을 하고 있는 바람골 도인 윤광조 도예가는 첫인상이 부드러운 할머니 모습이었다. 은발을 하나로 묶은, 그러나 눈빛은 빛이 났었다. 손수 만드셨다는 황토방에서 20명 가까운 미술 애호가들에게 작품할 때의 마음가짐을 '머리는 하늘에 두고 발은 현실에 꼭 붙이라'는 말을 들려줄 때는 건강한 도인으로 비쳐졌다. 자연에서 진정한 자유를 얻고자하는 윤광조 님은 도자기 한 점을 위해 절을 찾고 4만 배를 하며 정신을 집중하고 심혈을 기울여 흙의 소리를 듣고, 불의 온도까지 알아차리는 데 30년이라니! 예술가의 삶이란 이런 거구나 깨달음이 많았다.

우연인지 올해 6월과 9월에 방문한 병원에서 설악산 풍경을 네 점이나 봤다. 원색의 힘 있는 김종학 화백의 그림이었다. 희망과 건강한 자연의 모습을 병원으로 가져온 분의 안목이 높다. 어렸을 적 많이 보아온 수저집이나 방석, 베갯모 등에 청, 홍, 노랑 등 오방색 비단실로 자연을 수놓은 민화를 연상하게 된다.

두가헌 갤러리 전시 중 만난, 어린이 그림 같고, 금방이라도 뛰쳐나올 것 같은 생동감과 엉덩이부분을 부풀린 패티코트차림, 그 안에 많은 열매와 이야기가 있는 것 같은 봉닭과의 만남은 우연이 아닌 것 같다. 자신이 상상의 새인 봉황의 수컷으로 생각하고, 그러나 날지는 못하고 현실에 적응하며 언젠가 한 번 힘껏 날아보려는 봉닭이 남 같지 않다.

형제가 적은 나는 세 자녀에, 다섯 손자까지, 넘치는 열매를 받았다. 선물이다. 하지만 마음이 울적할 때, 뭔가 새로운 결정을 할 때나 마음가짐을 새롭게 할 때엔 곧잘 미술관을 찾는다. 그림과 대화를 하면서 쉼을 얻는다. 이번에는 두가헌에서 순진함과 화려함, 꿈으로 가득 찬 봉닭과의 만남으로 의미 있는 쉼을 얻었다. 힘내기다. 다시 시작이다.

## 화요일이 오면

화요일이 오면 마음이 설렌다. 첫 번째는 미술 스크랩이고, 두 번째는 이미지연구소 가는 날이고, 세 번째는 기다리던 패션 신문이 나오는 날이기 때문이다.

첫 번째 설렘은 새벽 친구를 만나는 것이다. 오래된 친구로 말이 없고 몸은 가벼우나 속이 깊다. 새로운 화제로 즐겁게 해준다. 친구의 이름은 신문이다. 오랫동안 가깝게 지낸 D일보에 올 봄부터 KM기자의 '그림으로 읽는 세상'이 화요일에 선을 보였다. 특징 있는 미술 작품과 함께 전시회 안내와 새로운 시각의 표현 방법 등 참신한 기획으로 기다려진다.

지난 3월에 올려진 예 화랑에서 전시된 양모씨의 'Layers

34523'은 만들어진 꽃의 이미지를 통해 실재보다 가상 세계에 더 매혹되는 현대의 단면을 보여준 그림과 '불현듯 꽃 터진다. 생이 부르르 떨린다.'라고 적힌 신문 한 장을 스크랩할 때는 보물을 찾은 듯했다. 2주일 동안 가방에 넣고 다녔다. 가끔 무력감이 들 때 꺼내보고, 산에 핀 깨끗한 진달래꽃이 연상되는 반추상 도안에 끌린 적이 있다.

두 번째 설렘은 이미지연구소 가는 날이다. 평소 그림에 대한 호기심이 발전하여 1년 정도 강의를 듣고 있다. 미술평론과 이미지 학습, 작가와의 만남 등 다양한 미술 수업이 진행된다. 공부하는 구성원이 대부분 미술 전공이고 간혹 유치원 운영자, 미술 치료에 관심이 있거나 화랑 운영자 등이다

더욱 흥미로운 것은 연구소 실내가 마치 전시장 같다. 한쪽 벽면에는 요즘 새롭게 부상되는 유목적 인간과 자연을 통합시킨 허모 작가의 작품, 박모 교수의 '이브의 사과' 등 신선한 작품이 전시되어있어 우리의 안목을 넓게 한다.

1년이 돌아오는데도 우리를 들뜨게 하는 사진이 있다. 작년 독일의 세계적 전시에 이미지연구소 회원끼리 참석한 모습을 엽서처럼 꾸민 것이다. 여행 중 스카프로 자유로움을 한껏 풍겼던 자유인 원희씨, 뒷모습에 포인트를 준 신비여사, 그윽한 눈매로 대중을 사로잡는 큰언니, 말없이 무리를 이끄는 젊은

단장 최교수님의 모습은 작품에 가까웠다. 수업중간 차를 마시며 작품에 대해 느낌을 말할 때는 독일의 전원풍 미술관에 있는 착각을 불러올 정도로 분위기가 무르익는다.

2007년 여름이다. 이미지연구소에서 10박 11일 일정으로 미술 애호가들로 구성된 20여 명이, 베니스 비엔날레와 독일의 뮌스터 지방의 조각 프로젝트 등 세계적인 전시회를 보는 테마 여행을 갔었다. 미술계의 새로운 흐름과 참여국의 특성이 나타나는 방대한 기획으로 배울 점이 많았다.

아는 만큼 보인다고 했던가. 5년마다 한 번씩 열리는 독일의 카셀 도큐멘타의 다양한 전시 중 눈에 들어온 것은 중국 전시였다. 각기 다른 모양의 청나라 때 목조의자를 1001개나 전시장에 끌어들인 중국의 끈기와 침묵은 전통에 대해 다시 생각하게 했다. 우리 일행은 확인이라도 할 겸 낡은 의자에 앉아 보았다. 따뜻하고 묘한 느낌이 오는 것 같았다. 넓은 전시장에 쉼터를 배치한 놀라운 전략이었다.

10년에 한 번 열리는 4회째인 뮌스터 지방의 조각 프로젝트 중 기억나는 것은 하늘에 비행기처럼 떠있게 설치한 금속 활자를 보려고 준비한 보자기는 예술이었다. 풀밭과 대비되는 주황색으로 누워서 작품 감상하는 포즈를 잡는 우리 일행의 모습은 다양했다.

베스트 연출은 친구 Y다. 한쪽 무릎을 세운 자연스러운 포즈는 하루아침에 이루어진 게 아니다. 1년 이상 누드 크로키를 배운 실력이 자연스럽게 나왔나보다. 초보 미술 애호가는 평면 포즈로 무미건조했다

1년이 지난 지금 생각하니 유럽 여행은 어릴 적부터 막연히 동경하던 미술에 대한 새로운 시각을 갖게 한 의미 있는 선물이었다.

세 번째 설렘은 패션 신문 '패션 인사이트'가 나오는 날이다. 20여 페이지로 분량은 적지만 내용이 알차다. 국내외 의상 소식 특히 뉴욕, 파리, 밀라노의 패션 소식, 패션에 얽힌 창업, 색채 수업, 국내 대형 전시 안내 등이다. 신문 가판대 유리창에 새로 나온 표지만 봐도 가슴이 뛴다. 패션 인사이트를 손에 쥐는 순간 패션디자이너가 된 듯 새로운 세계에 빠져든다. 1년 넘게 구독하는데 초기에는 의상과 색채에 관심이 집중되고 요즘은 새로운 매장연출에 눈이 간다. 브랜드와 변화가 패션과 연결되기 때문이다.

오래전 T고교에서 5년 동안 의상에 대한 수업을 재미있게 한 후 옷의 매력에 빠진 적이 있다. 자신은 안티 패션이나 타인의 의상 점검에 흥미를 갖게 되고 의상으로 심리 파악 등 폭

넓게 공부하고 싶은 분야가 되었다

최근 구입한 '패션 인사이트'에서 톱기사는 디스플레이다. '정서적 교감으로 소비자와 소통한다'는. 서로에게 적당히 무심한 현대인의 모습을 닮은 마네킹의 옆모습, 뒷모습 등 각기 다른 곳을 바라보는 외로운 사람들을 배치하여 소비자의 시선을 집중케 한다는 것이다.

어떤 설치작가는 자신의 작품에서 "나는 쇼핑한다. 고로 존재한다."라고 했다. 쇼핑은 개인 문화이고 라이프스타일이다. 새롭게 꾸민 매장에 젊은 연인들이 놀이하듯 밀려오는 것으로 나타난다. 윈도우 디스플레이에서 스토리텔링 기법을 적용한 JR사는 매력이 있고 좋은 이미지로 최근 여성고객의 발걸음을 코엑스 부근 매장으로 모으고 있다.

그림과 색채, 특히 의상 화보를 보면 즐겁고 우뇌(右腦)를 자극하는지 새로운 일을 구상하게 된다. 이처럼 화요일이 오면 마음이 설레고 즐겁다.

# 연두, 다시 시작

푸른 잎만 보이는 아끼는 화분이 있다. 가을이면 누렇게, 겨울이면 앙상한 가지로 겨울잠이 길어 깨어나지 않으면 어떡하나 걱정을 하던 차에 연두점이 나타난 것에 용기를 얻었던 기억이 있다.

연두색을 보면 변화가 느껴지고 새롭게 시작하고 싶은 생각이 난다. 그래서 4년째 가지고 다니는 수첩도 표지가 녹색이다. 책 읽고 줄긋기 할 때도 연두나 녹색 볼펜, 색연필을 사용하는 것을 즐긴다. 내가 좋아하는 연두를 예그린으로 만들어보았다. Yellow와 green의 합성어로 나의 엉뚱한 로고이다.

S고등학교 근무 시 교사 동아리 활동 시간이 있었다. 성경

읽기반을 예그린으로 정하고 회원 모집을 했다. 첫회는 5, 6인 교사가 모여 성경을 읽고 학교생활의 어려움, 즐거움 등을 나누며 학교생활을 더욱 풍성하게 했다. 자연스레 학생 지도, 미래 학교의 모습 등을 이야기하며 가정사, 자녀 문제 등 폭넓게 자유스럽게 담소하다 보면 친근감과 용기가 생긴다.

3년째인 지난해는 회원이 10명이 넘었다. 찬송을 잘하는 수학 전공 Y선생, 모임 준비, 연락 등으로 항상 바쁜 중에도 은은한 미소가 번지는 매력적인 저음의 영어 전공 S총무, 분위기 메이커 국어과 R선생의 깜찍 발언, 소년처럼 순수한 미소로 모임 시작을 맡아주신 ㅂ선생님, 든든한 배려와 확신으로 새내기 교사를 저절로 참여케 하는 ㅎ선생은 우리 학교의 마더 테레사이다.

오랜 학교생활을 마치는 기념으로 작은 책을 만들고 축하받은 모임에서의 일이다. 이심전심이었나? 예그린 회원님이 준비한 미술실에서의 축하는 감동적이었다. 녹색 테이블 크로스와 작은 별이 많이 그려진 연녹색 풍선, 시루떡을 닮은 부드러운 케익, 저마다 밝은 표정의 열다섯 남녀 선생님의 모습과 축하송 '당신은 사랑 받기 위해 태어난 사람'이 조용히 울려퍼질 때 눈물이 나고 가슴이 벅찼다. 따뜻함의 전달이다. 예그린의 마음이 모였다. 오래도록 가슴에 남을 순간이었다.

퇴직 후 최근에는 가까운 문인들과 K시에 문학기행을 갔는데 녹색 점퍼를 입고 갔다. 참석자의 점퍼 색이 녹색 둘, 검정 둘, 하늘색 둘, 베이지색이 한 분이었다. 사진 찍을 때 생각없이 서 있는 것 같았는데 사진이 나오고 보니, 같은 색끼리 이웃하고 있어서 웃었다. 컬러에 따른 성향이 있나 보다.

녹색이 주는 편안함과 연두가 주는 경쾌함. 무언가 새로 시작하고 싶은 충동을 느끼게 하는 봄의 전령 같은 색, 오늘 아침 베란다의 작은 화분에서 연두색 점을 보고 "그래, 다시 시작이다."라고 말해보았다.

30년 넘게 규칙적인 생활을 하다가 갑자기 자유롭게 된 요즈음, 여러 가지로 분산된 마음을 다시 정리하고, 새롭게 시작하고 싶은 용기를 주는 부활의 색으로 '연두의 점'을 붙잡는다.

# 보랏빛 산책

아침이다. 블루베리 몇 알과 요구르트 작은 병 1개를 넣고 익숙한 믹서에 갈았다. 청보라빛 멋진 주스가 탄생한다. 옛날이 떠오른다. 연보라 스웨터, 보랏빛 판타롱바지, 자주색 코트에는 스테인드글라스처럼 보랏빛 추상무늬가 있었다. 까마득한 70년대가 달포 전으로 떠오르는 안개 낀 아침이다.

70년대 초 경기도 P여고에서 근무할 때 도토리 등으로 도안을 만들어 식탁보 등에 직접 무늬를 만들고 도넛, 삼색젤리, 포도주스도 만들어 군내 체육행사에서 직접 판매에도 나섰던 시골학교의 젊은 선생 시절이 있었다. 소풍가서는 보라색 작은 꽃들을 모자에 달고 학생들과 친구처럼 서투른 노래도 부르곤 했다. 그 시절에는 긴 머리가 왜 그렇게 좋았던지, 아니 머리는 그대로 둔 것이리라.

90년대 초 K여고 근무시 교정에 핀 보랏빛 등꽃은 멀리서 보아도 화려했다. 순백의 교복과 어울린 수채화였다. 참 그 시절 아픈 적도 있었다. 어릴 적 운동장에 서서 별이 날아가는 모습과 하늘을 올려다보았다는 아들의 글짓기는 나를 즐겁게 했는데. 그 아들이 방황하는 시기여서 알뜰하지 못했던 엄마는 뒤늦게 속울음을 참고 출근하던 시절이었다.

언제부터인지 5월이면 라일락이 기다려졌다. 작은 꽃들이 무리지어 흔들리면서 순한 향기와 연한 보랏빛을 선물하는 시절이 행복했다. 언덕 위에 지어진 아파트로 이사 와서 어렵게 발견한 구절초의 수수한 보랏빛 국화도 말없는 친구처럼 반가웠다. 다른 색과 달리 보라색은 우리를 깊은 생각 속으로 데리고 간다. 뭔가 모를 일들이 펼치는 이야기의 세계 아니면 말없이 핀 도라지꽃처럼 우리를 숙연하게 하면서 기쁨을 준다.

이번 여름에는 넓은 잎에 가느다란 초롱처럼 달린 연보랏빛 옥잠화 꽃이 시선에 들어온다. 백합과의 여러해살이풀인 옥잠화는 8월에서 9월에 피는 흰색, 보라색이 있고, 피기 전 모습이 풍성한 녹색치마에 비녀를 닮았다고 붙여졌다. 꽃이 아래로 향해있다. 꽃말도 모양처럼 '기다림', '아쉬움', '조용한 사랑'이란다.

뾰족한 코가 눈에 띄는 얼굴이지만 전체적으로 넉넉한 마음씨에 옥잠화를 닮았다고 했던 Y선생이 그리워진다. 가끔 연락하더니 지금은 소식이 감감하다. 흰 셔츠가 잘 어울린 선생님이다. 옥잠화가 지기 전에 Y선생을 찾아보아야겠다.

오늘따라 블루베리주스가 추억을 불러오는 안개 낀 아침나절이다.

# 그리움의 색, 꽃분홍

6월 둘째 주 토요일 비가 줄기차게 왔다. 일주일간 삼복더위를 방불케 하는 찜통더위가 계속되더니 한 줄금 시원한 빗줄기였다.

비 오는 날은 밝은 색이 경쾌하다. 꽃분홍 바람막이 상의를 걸치고 좋아하는 이미지교실로 향하던 중 갑자기 서점엘 가고 싶었다. 오랜만에 영풍문고에 들러 책을 보던 중 신문에 소개된 『내 이름은 빨강』의 저자(오르한 파묵)가 쓴 『순수 박물관』 1, 2권을 구입했다. 표지에 밝고 고운 꽃분홍 이름표가 구매의욕에 부채질했다. 마음에 드는 색을 보면 힘이 난다.

수필교실에서 인상 깊게 들었던 고 한흑구 문인의 작품선집도 한 권 있어 구입했다. 표지를 자세히 보니 대표작인 '보리'를 상징하는 초록색으로 작자의 이름을 디자인한 것이 이채롭다. 보물을 얻은 듯 뿌듯했다.

책을 사고 아래층에 내려가니 생활용품, 문구류 등이 화랑부스처럼 단정하게 진열되어 있었다. 미니노트, 특이한 스티커, 체크 헝겊가방을 사고 가벼운 점심도 먹었다. 비 오는 날 홀로 데이트도 즐거웠다. 서점, 미술관, 문구류 수집 등 오래된 취미는 변하지 않는 것 같다.

비가 온 탓인지 옛일이 떠오른다. 6월이 오면 먼 하늘에 시선을 보냈었다. 오래전 전쟁의 포화 속으로 아버지의 모습이 흐려지고, 오래된 사진첩에서만 보게 된 친숙한 눈매며 살짝 다문 입술은 말없이 그리움만 쌓여갔다. 어린 시절 방학이 오면 할아버지 댁에 가서 아버지의 빈자리를 채우려는 듯 일기도 크게 읽고 사촌끼리 모여 사진관에 가서 가족사진도 찍고, 나이에 맞는 한자공부, 편지 쓰는 법도 가르쳐주시던 할아버지는 하얀 모시옷에 은빛 수염이 있으시고 인자하신 모습으로 우리를 지켜보셨다.

붉은 찔레꽃이 피기 시작하면 옛집이 떠오른다. 하얗게 목련이 피던 봄날 마당이 넓은 집에 이사하고, 다음해 봄에는 목련 대신 붉은 담쟁이 찔레꽃을 풍성하게 손수 가꾼 정원에서 대가족이 오순도순 살았다. 붉은 찔레꽃은 동네골목을 환하게 한 으뜸 공로자였다. 훗날 우리에게 그리움의 색이 되었다.

오랜만에 우리 집에 새 소식을 가져온 큰딸의 해산소식은 시원한 빗줄기였다. 단정하고 여행과 커피를 좋아하는 큰딸이 외손주를 데려왔다. 짙어지는 녹음에 수놓은 듯 담쟁이 찔레꽃이 붉게 핀 6월 첫째 주에 태어났다.

엄마, 아빠가 미술관, 박물관 등을 좋아하더니 태어난 곳도 신사동 가로수 길에 위치한 MH산부인과이다. 주위가 새롭게 부상하는 패션거리, 화랑, 카페 등이 유럽의 작은 마을에 온 것 같은 분위기를 연출하고, 거리를 활보하는 젊은이들의 옷차림과 태도가 신선했다.

더 놀라운 것은 MH의원 실내가 오래된 미술관 같다. 층마다 편안하고 현대적인 색채로 구성된 꽃그림과 정갈하고 품격 있는 가구배치로 방문자의 마음을 편안하고 신뢰감을 갖게 했다.

별관 2층에는 산모와 보호자의 휴식실이 있다. 유럽풍 긴 탁자와 의자가 있는 코너에는 김종학 화백의 그림이 두 점 있었다. 최근 강원도에서 새로운 화풍으로 꽃, 닭, 새, 나무 등이 혼재한 생명력 넘치는 자연을 그린 작품이다. 이는 어려운 산고를 겪고 난 산모와 아가의 첫 만남, 환희의 순간을 표현한 작품 같다. 새 생명 탄생으로 주위에 신경 쓸 틈이 없을 것 같았는데 안목 있는 그림 배치는 우리를 행복하게 했다.

우연인지 휴식실 앞면 통유리에 꽃분홍 찔레꽃이 비쳤다. 옆 건물 담에 몇 송이 피어있었다. 그리움의 색이다. 6월이 오면 그리워했던 아버지 자리, 먼저 간 아이들 아빠 자리에 이젠 새롭게 우리 곁에 온 새아가의 귀여운 모습이 활짝 꽃피어 온 세상이 꽃분홍 같다.

# 섬초롱꽃

우리 집 베란다에 작은 꽃들이 모여 있다. 키 큰 동백 주위에 서양난과 오래된 푸른 잎만 있는 화분, 선인장 가족, 빈 화분 몇 개는 나의 작은 쉼터다. 그중에서도 새로 선보인 하얀 섬초롱꽃은 나의 마음을 흔든다.

지난해 겨울, K문인협회에서 가깝게 지내는 윤 시인께서 꽃 모종을 주셨다. 내심 걱정을 하면서 흙만 있는 화분에 살짝 얹어 놓았다. 잊고 있었는데 봄이 되니 깻잎 같은 잎이 나고 키가 자랐다. 차분한 며느리가 지지대를 받쳐 키가 자라고 있었다. 오월 중순쯤 열흘 넘게 여행에서 돌아오니 흰 초롱으로 주인을 다소곳이 반기는 종을 닮은 꽃, 섬초롱이었다.

옆에 있는 단정한 꽃분홍의 세련된 난보다 약한 듯한 섬초롱이 눈길을 끌었다. 저절로 박수를 치면서 반겼다. '정다운 시인 선배님이 주신 것이 살아났구나! 붉은 꽃만이 예쁜 게 아니었구나!' 튤립꽃을 거꾸로 세운 듯 비밀을 간직한 섬처녀, 섬총각, 등대지기 등이 연상되는 섬초롱꽃이 5월 말쯤 우리 집의 인기쟁이가 되었다.

섬초롱꽃은 6월에서 9월까지 피고 울릉도가 자생지며, 키는 30에서 100센티까지 자란다. 흰색, 자색이 있고 꽃잎 안에 짙은 점들이 있다. 종모양의 꽃이 연한 줄기에 청사초롱처럼 매달리는 꽃으로 성장력이 강하고 서민적이다. 소박하며 은근하다.

뿐인가, 고개 숙인 초롱꽃의 생태적 특성은 매개 곤충에 대한 배려에서 생긴다고 한다. 벌·나비에게 꽃가루를 듬뿍 묻히고, 빗물로부터 꽃가루가 보호를 받는다고 한다. 자연의 질서에서 오는 조화가 아닌가!

꽃모종을 주신 모임의 선배님이 떠올랐다. 여름이 가까울 때면 은조사 고운 한복으로 단아한 모습을 보여주시고, 양복을 입으실 때도 윗옷과 모자의 색을 맞추시는 온화하면서도 깊이가 있으셨다. 지난 신년 초에는 하얀 코트에 명주 스카프, 스카프 가장자리에 녹색으로 산 모양 선을 수놓으신 것을 보고 고전적이면서 세심한 멋에 놀랐다. 의상 매무새에서 얻는 즐거움이다.

6월이면 시원한 흰 마가렛이 기다려지는데 아직 보이지 않고 올해 초여름엔 여기저기에 흰색, 자색 섬초롱꽃이 대신 피었다. 우리 집에 없을 때는 눈 여겨 보지 않았는데 이번에는 달랐다. 외출할 때 아파트 화단 돌 틈에 있는 듯 없는 듯 피어있는 초롱꽃을 하나하나 살폈다.

화단 조경이 잘되어 5월부터 만발했던 꽃분홍 찔레꽃이 아직 남아있고, 높다란 담에 벽화처럼 녹색 넝쿨 사이에서 주황색을 뽐내는 능소화도 있지만, 웬일인지 흰색 섬초롱이 나를 사로잡았다. 있는 듯 없는 듯 고개 숙인 우리네 야생화가 나름의 매력이 있다. 조용하고 평온한 은근미가 우리네 정서를 닮았다.

하여, 올여름은 하얀 섬초롱꽃을 만난 즐거움으로 마음이 한결 시원해진다.

## 그림엽서에서 행복 찾기

내가 좋아하는 엽서가 있다. 여러 가지 색의 물동이를 이고 가는 남예멘 여인의 행렬을 담은 것인데 그 그림엽서를 보면 자유가 느껴진다. 똑같은 형태인데 색이 다른 물동이를 이고 있는 검은 제복의 여인들을 보면서도 색이 주는 다양한 힘을 느낀다.

여유로운 마음이 들 때는 백화점을 찾는다. 꼭 들르는 곳이 엽서 파는 코너이다.

죽~ 둘러보고 마음에 드는 것이 있으면 몇 개 사둔다. 그중에 1년쯤 두고 보는 것이 있다. 연분홍과 보라색이 섞인 커다란 꽃 한 송이가 있는 카드다. 색과 형태가 마음에 들어 안방

서랍 맨 위 칸에 두고 가끔 쳐다본다.

백화점에서 또 들르는 곳이 수예품 전시장이다. 무늬와 색깔이 독특한 것은 수입품이 대부분인데, 프랑스 제품은 동양적인 무늬와 색깔이 많고, 색이 특이한 것은 이태리 제품이다. 색과 무늬, 마무리바느질, 가격 등을 꼼꼼히 비교하면서 도안과 색이 마음에 들어 컵 받침 세트를 샀다.

부드러운 헝겊 같은 종이로, 무늬는 청록색 나비와 작은 꽃이다. 그러고 보니 5년 전 중국여행가서 산 쿠션 무늬도 여러 색깔의 나비가 모여 있는 것이었다. 평소 관심 있는 분야가 새, 나비, 꽃 등 자유로운 형태 같다. 어느 해에는 새의 날갯짓을 1년 동안 모아본 적이 있다.

주방 식탁에도 엽서가 있다. 퀼트 작품 엽서인데 도안은 코끼리 세 마리가 말없이 집을 지키고 있다. 몸은 크고 회색빛이지만 등에는 각기 다른 화려한 헝겊으로 치장을 하고, 서 있는 모습도 질서가 있다. 그 옆에는 '캐빈 스타'라는 성탄절을 떠올리는 녹색트리에 빨강색 금색의 별이 달린 엽서가 있다. 별이 우리 마음을 밝혀주고 있는 것 같다. 우리 집 식탁보를 대신해주고 있는 수호신 같은 엽서들이다.

그림엽서를 보고 있으면 동심의 세계가 된다. 새로운 꿈꾸기가 시작되는 것 같고, 먼 훗날 그리워 할 추억을 만들고 있는 우리 삶의 축소판이 아닌가. 해서 나의 행복 찾기는 그림엽서를 모으는 것이다.

# 수예 시간

수예도안을 그려보는 시간이다.

가정교과 중 제일 마음이 가는 것이 수예시간이다. 밑그림과 수법이 다양하기 때문이다. 칠판에 구성법만 몇 가지 알려주고 마음대로 그려보는 시간이다. 처음에는 웬 미술시간? 하면서 웅성거린다. 조금 시간이 지나니 미술학원 같다. 미지를 향해 꿈꾸는 학생들의 모습이 신입생답다. 황금박쥐를 그리는 주완이, 허공에 야생마를 죽 늘어뜨린 지수, 섬마을 풍경을 그린 혜리, 다보탑을 그린 주선이는 서로 옆 친구의 그림을 보면서 즐거워한다. 덩달아 나도 아이들처럼 즐거운 시간이다.

갑자기 옛일이 떠올랐다. 교사 초년병 시절인 70년대 초 전교생이 200명이 안 되는 조그만 섬마을 중학교 근무시절이었다. 학교 울타리 대신 구부러진 소나무가 있고 하루 종일 사람 구경하기도 힘든 곳인데 사람 이동이 있을 때를 보고 배가 도착했는지를 아는 정도였다. 검게 그을린 나룻배 주인아저씨의 얼굴, 키 큰 수숫대의 물결, 낮게 피어있는 해당화무리, 말이 적은 학생들의 무표정 자체가 그림이었다. 그러나 희망은 수예시간이었다.

단체로 구입한 흰 천에 각자가 준비한 다양한 밑그림을 학생들은 먹지에 대고 그린다. 갈매기와 섬, 다보탑, 장군바위, 낙조 중 섬을 그린 귀임이가 단연 돋보였다. 갈매기와 섬, 모래사장을 동화처럼 표현한 귀임이는 수줍음을 많이 타는 아이였다.

또 생각나는 것은 다보탑을 정교하게 그리고 수놓았던 종선이다. 큰 몸집에 입은 꼭 다물고 의지가 강해 보이는 종선이의 솜씨는 일품이었다. 종선이 아버지께서는 목공예 기술자라고 옆 친구들이 부러워했었다. 신기한 인견사실, 가는 프랑스자수실로 먼저 수놓으려고 약간 붉어진 얼굴들로 도안과 씨름했던 수예시간이 엊그제처럼 눈에 선하다.

몇 년 전 남녀공학에서 근무할 때다. 3학년에 수예시간이 있어 취업전 학생들의 진로에 관심이 많은 나는 신문 전시란을 보던 중 깜짝 놀랐다. 전승공예 및 자수전시회에 종선이의 이름이 있었다. 혹시 하고 가슴이 두근거렸다. 모처럼 정장을 하고 전시장을 찾았다. 그리고 그곳에서 오랜 시간이 흘렀어도 얼굴 모습은 변함이 없는 제자 종선이를 만났다. 꼭 다문 입에 세련된 의상과 자연스런 태도는 성숙한 제자다웠다. 다보탑을 그렸던 학생이 인천에서 자수학원을 경영하고 수공예학교 강사로 출강한다는 소식이다.

한참 반가움과 근황을 나눈 후 종선이는 중학교 동창인 귀임이의 소식까지 전해주었다. 정이 많고 세심한 그 옛날의 수예시간 섬마을 풍경을 밑그림으로 그렸던 귀임이는 고향인 용유에서 초등학교 선생님을 하고 있다는 즐거운 소식이었다. 마음속에 꼭꼭 그렸던 풍경이 훗날 현실로 나타난 것이다.

남녀공학에서 자수수업을 해보니 숨통이 트였다. 변화무쌍하고 공상소설 같은 장면이 나온다. 꿈을 미리 엿본 듯 감동으로 친구가 된다. 박쥐를 그리는 아이는 소방관으로, 야생마를 그리는 아이는 수의사, 담임선생님을 좋아하는 영이는 화가의 꿈을 파레트로, 발레리나의 꿈을 표현한 혜전이, 장미꽃잎처럼 부드러운 미진이의 웃음을 생각하면 벌써부터 가슴이 뿌듯하다.

조그만 천에 인생을 디자인해보는 수예시간이야말로 마음을 다스리는 최고의 순간인 것 같다. 그러니 나의 수예시간은 어린 것들의 꿈을 그리는, 아니 꿈을 심는 시간이 아니겠는가. 교사생활 30년, 다람쥐쳇바퀴 돌듯 그날이 그날이듯 기계적인 되풀이였지만 마냥 헛돌지는 않았던 모양이다.

수업을 마치는 종이 짧게 울린다. 아이들은 저마다 기분 좋은 얼굴을 하고 있다.

# 꿈을 그리는 캔버스

나는 매일 학교에 간다. 나에게 학교는 꿈을 그리는 캔버스다. 매일 새롭게 펼쳐질 어수선함을 사랑한다. 경기도 옹진군에 위치한 용유중학교에서 섬마을 선생으로 시작하여 30년이 넘게 학교를 다니고 있다. 미숙한 초임에서 나름대로 즐겁고 열심히 준비하는 교사로 지낼 수 있었던 것은 순수한 학생들의 힘인 것 같다. 교단에 서면 학창시절의 선생님의 모습이 떠오르고 학생들의 모습에서 어린 시절의 나를 보는 것 같아 저절로 친근감이 생겼다.

섬마을에서 농촌으로, 전적지에 기념비가 조성된 벽지학교에서 의정부시 명문여고로 옮기면서 다양한 체험과 더불어 가르친다는 것은 배움임을 실감했다. 그리고 기회가 되어 서울로 학교를 옮겼다.

1987년 3월 서울 태릉고등학교. 주위에는 배밭골로 5월이면 배꽃이 만발하여 그 모습에 취하게 했다. 신설학교 3년째인 인문계 남녀공학이었다. 처음 졸업반의 대학진학에 전교사는 열성을 다했다. 그리고 당연히 결과(명문대 입학률 상승)가 좋아 시멘트 블록 공장터는 명문고를 향해 이전하는 명당터로 변해 지금은 아파트촌을 이루고 있다.

체육대회에서 극성반인 우리 반이 응원상을 타고 환경미화 우수상, 학기말고사 학급평균까지 앞서자, 같은 학년의 카리스마 한문선생님의 눈치도 살펴야 했다. 방송수업을 잘하는 유머 윤리선생, 롱스커트가 어울리는 매너 영어선생, 물방울다이어로 인기가 많은 눈빛고운 작문선생 등 태릉고교에서의 학교생활은 풍성했다. 이어 경기여고, 도봉정산, 성동여실, 서초고에서 19년째 교사를 하고 있으니 평생을 학교에 다닌 셈이다.

며칠 전 친구가 선물한 CD를 퇴근 후 자주 듣게 된다. 곡명이 '흐르는 강물처럼'이다. 표지 삽화도 수묵담채화 같고 피아노, 바이올린, 기타 선율이 슬프도록 아름답고 목가적이어서 어린 시절로 돌아가게 한다.

고등학교 시절이다. 가을이 되면 푸른 하늘처럼 마음이 편했다.

특히 국어시간이 좋았고 미술시간이 즐거웠다. 다음에 교사가 되면 꿈을 그리는 미술선생님 아니면 「모란이 피기까지는」 시낭송을 슬프도록 아름답게 하는 문예반 선배언니를 닮고 싶었다.

소망과 달리 나는 사범대 가정과에 진학을 했다. 그래도 한복, 양복, 한국요리, 서양요리, 자수 등 실기수업 중 전통자수 시간이 좋았다. 푸른 공단에 학을 수놓거나 십장생을 수놓을 때는 꿈꾸는 것 같고 마음이 편했다. 나의 미래를 엿보는 것 같아 마음에 들었다.

졸업 전에 교사채용시험 보러 가는 날, 엄마의 손을 잡고 버스정류장으로 가던 어둑한 새벽이 얼마 전처럼 느껴진다.

고대하던 발령이 났다. 1969년 11월 경기도 옹진군 용유중학교 교사로 첫 발령을 받고 섬마을 선생님이 되었다. 인천에서 배를 타고 2시간쯤 가서 나룻배로 옮긴 후 선착장에 닿는다. 소박한 차림의 주민이 가족을 기다리고 육지 소식을 기다리는 선한 눈매는 흑백영화 장면이다. 섬마을의 겨울은 모래바람으로 매서웠다.

그러나 아침이면 분홍빛 바다, 은빛물결이 희망을 보이고 퇴근 무렵의 낙조는 발걸음을 멈추게 한다. 해당화가 곱게 핀 모래 언덕엔 그리움이 묻어 있고 구부러진 소나무는 그림 같다. 저녁이면 파도소리에 책을 가까이 하고 깜깜한 바다를 밝혀주는 고기잡이배의 어화는 신비했다. 특활시간에 게도 잡고 삐꾸기소리 들으며 가정실습도 하고 섬 마을 학교의 특징인 공예교실에서 조개껍질로 목걸이, 편지꽂이 만들기, 건어물로 향토관 꾸미기 등 체험 학습이 많았다.

기억에 남는 것은 가정방문 때 선물로 받은 건어물 꾸러미를 함께 간 학생이 들고 다음 학생 집을 찾아가는 것이다. 그 뒤로 동네 꼬마들이 줄을 잇는다. 선생님은 어색하고 학생들은 마냥 즐겁고 자랑스럽다. 70년대 초 섬마을 풍경이다. 용유중학교에서 처음 담임을 하고 학생들과 보낸 1년 4개월은 기억이 새롭고, 30년이 넘게 교직을 계속할 수 있게 된 '마음밭'이 되었다.

4년 째 근무 중인 서초고등학교에서는 해마다 5월이면 1학년 가정시간에 자기가 원하는 직업을 도안으로 그리고 기초수법으로 표현하는 실기 수업을 한다. 처음에는 어리둥절하다가 시간이 지나면 작품이 나온다. 청진기를 ET처럼 그린 소아과 의사, 양주병 속에 포도송이가 들어간 와인 전문가, 별과 이상한 기호를 그린 천문학자, 마이크를 그린 뉴스진행자, 행복한 집을 그린 남학생은 우리를 즐겁게 한다. 흰 헝겊에 자기가 그린 도안을 울긋불긋 색실로 수를 놓고 있는 학생들의 모습은 한 폭의 그림 같다. 그래서 교사는 꿈을 그리는 화가다.

# 2.

# 안개는 추억을

# 비 오는 날의 낯선 휴식

아침에 일어나니 하늘이 흐렸다. 2주 전에 친구와 약속했던 강화도행이 무산되어 마음에 걸렸는데, 오늘은 혼자라도 떠날 채비를 한다. 인터넷에 들어가 보니 신촌에서 출발하는 시외버스가 있다. 비가 조금씩 내렸다. 초가을이라고 할 수 없는 9월의 '경계선 날씨'에 비가 오니 금방 가을이 올 것만 같다.

신촌방면은 아침 출근시간과 대학생들의 등교 길이어서 더욱 복잡했다. 비가 오는데도 깜찍한 여학생의 차림도 보이고, 두꺼운 책가방으로 보이는 청년들의 배낭이 넘치는 젊음의 힘처럼 보였다. 메모지 없이 집을 나와 정확한 지점을 찾지 못하다가 근처 편의점에서 물어보니 터미널이 없어지고 광역버스가 있다고 알려주었다.

한참 헤매다가 보니 스타벅스 커피점 앞 정류장에 표시된 3000번 버스가 있었다. 일단 커피 한 잔과 간식을 사고 버스에 올랐다. 시내에서 외부로 나가는 큰 버스를 오랜만에 탔다. 넓은 좌석이 마음에 들고 앞자리에 앉아 조망이 좋았다.

배낭을 멘 아주머니들이 둘 셋 친구들과 함께 타는 모습이 멀리 가는 버스 같았다. 신촌-강화행이다. 가끔씩 서고 달리니 30분 만에 김포 가까이에 있는 송정역에 왔다. 70중반 노인들이 5, 6명 탔다. 타는 모습이 조금 불편해 보였다. 성당을 찾아간다고 했다. 오래된 친구끼리 행사에 가는 모습이 정답게 보였다.

옆자리에 여자 손님이 함께 앉았다. 쉽게 이야기를 시작하더니 시사평론까지 하다가 어조가 너무 솔직하게 나와 입을 다물었다. 또 새우젓 냄새인지 약간 정체불명의 체취 때문에 조금 곤란했다. 친구 만나러 종점까지 간다고 하면서 제법 즐거운 표정이다.

차창 밖으로 비가 세차게 내리다가 중간 중간 멎었다. 그때 창밖으로 붉은빛이 눈에 들어왔다. 칸나였다. 어릴 적 친구가 연상되는 꽃이다. 흰 피부에 눈은 조금 부었으나 입매가 야무진 매력적인 친구다. 그림도 잘 그리고 글짓기도 잘했다. 「안경과 아버지」라는 글짓기로 백일장에서 상을 타기도 했다.

여고 시절 기숙사생활을 같이할 때다. 친구는 영화에서 본 멋진 여배우의 옷을 직접 만들기도 하고 외출 시 입기도 했다. 율브리너의 강렬한 눈빛과 칸나의 붉은빛이 좋다고 말했다. 무용시간 배운 왈츠도 멋있게 연출했다. 학창 시절 후 오랫동안 소식 없이 지냈는데도 붉은 칸나를 통해 친구도 만났다. 오랜만에.

비 오는 날 버스타고 창밖 강물을 보고 있으니 상쾌했다. 강물과 바다를 보면 마음이 시원해진다. 오래전, 초임지 용유도에서 근무할 때도 반짝이는 아침바다와 퇴근길에 보는 낙조는 설렘이었다. 해당화가 붉게 핀 6월의 바닷가는 그리움이었고, 기다림이었다.

해서, 이번 여름에는 덕적도 물빛을 거실에다 들여놨다. 하늘과 바다가 한가지색이고 자연스런 병풍차림의 산, 해맑게 웃고 있는 문우들의 저마다의 미소가 있는 사진 한 장. 오래 보고 있어도 정겹다. 그해 10월의 덕적도의 물빛만 생각하고 마냥 들떠있는 동안 벌써 강화터미널에 도착했다.

외포리 가는 버스가 30분 간격으로 있다고 한다. 12시 차를 놓치고 30분 기다리는데 고민이 생겼다. 강화 특별장터에서 순무김치를 사가지고 귀가할까 아니면, 석모도까지 갔다 올까?

망설이고 있는데 버스가 왔다. 외포리 행이다. 20분 타고 내렸다. 가까이에 포구가 보이고 수협건물을 지나서 석모도 가는 선착장이 보였다. 비 오는 날이어서인지 여객선은 졸린 듯 서 있고, 갈매기도 안 보였다.

함께 간 아주머니 가게엘 갔다. 3년 전에 새로 지었다고 어시장내부가 깨끗했다. 다양한 젓갈과 새우젓이 있었다. 커다란 드럼통에 육젓, 추젓이 김장 준비용으로 선보이고 각종 건어물이 깨끗이 정돈되어 있었다. 한 번 휘익 둘러보니 가오리 말린 것이 먼저 눈에 띄었다. 양념장을 얹어 찌면 맛있고, 서대 말린 것도 고추장 양념을 발라 찌면 되고… 하면서 혼자서 생각하던 중 낙지젓갈, 조개젓갈이 보였다.

요즘은 소금 적게 먹는 것이 유행이라 젓갈을 집에서도 거의 먹지 않고 있는데 오늘따라 노르스름하게 삭은 조개젓이 마음에 들어 작은 통으로 샀다. 그 옛날 아이들 아빠가 양념한 젓갈을 즐겼었다. 부전자전, 식성은 아들도 닮았다. 멸치젓, 조개젓, 갈치속젓 등 이런 종류를 먹는 젊은 아들이 신기했다. 덤으로 맛있는 새우젓도 한통 건넨다. 다음에 친구들 데려오라는 뜻이겠지. 서둘러 시간보고 버스를 탔다. 강화읍 터미널에 와서 조금 기다리다 신촌행 버스를 타고 귀가 길에 올랐다. 모처럼 바람처럼 떠난 비 오는 날의 낯선 휴식이다.

# 희망을 그리는 추상화가

친구들과 오랜만에 조용한 바닷가 주위를 걷는 1일 버스여행을 갔다. 태안 신두리 해안사구와 두웅 습지길 걷기가 목표다. 초등학생처럼 설레는 마음으로 창밖에 시선도 보내고, 준비한 간식도 먹으면서 이른 아침 태안을 향했다. 올해는 철이 늦어 울긋불긋한 꽃이 아직 보이지 않고 노란 개나리만 선보였다.

봄맞이 나들이차가 물결을 이루었다. 낮 12시가 다 되어 도착했다. 태안의 명물 '박속 낙지탕'이 점심이다. 무처럼 얇게 빚은 박속을 넣고 끓이다가 산 낙지를 넣는다. 담백한 국물과 금방 꽃처럼 오그라드는 다리 부분을 먼저 시식하고, 머리통은

먹물이 보이지 않을 때까지 끓인 후 먹는다. 칼국수와 수제비를 넣고 한 소금 끓인 후 시원한 국물의 낙지수제비를 먹는다. 젓갈이 들어간 햇김치, 파래무침, 고추 절임 등 시골반찬이 그런대로 맛있었다.

옆자리 곱슬머리 남자분은 여행 단골인지 태도가 자연스럽다. 먹을 것도 권하고 조용히 어울렸다. 건너편 식탁에 앉은 팀은 모처럼의 여행인지 기분 좋게 시끄러웠다. 일정대로 다시 버스에 올라 30분 타고 내리니 신두리 해안사구 근처 두웅 습지다.

해안에 사구가 형성되면서 사구와 뒷산 골짜기의 경계부분에 담수가 고여 습지가 형성된 것이다. 넓은 습지 가운데, 길이 200, 너비 100미터, 수심이 3미터의 호수가 있는데 희귀야생동식물의 서식처로 텃새인 황조롱이와 천연기념물 323호로 지정된 붉은배새매 등 조류39종, 멸종 위기종 2급인 금개구리, 맹꽁이 등이 살고 있다. 생태학적 가치를 인정받아 2007년 12월에 국제 습지조약에 따른 람사르 습지로 지정, 등록되었다.

어렸을 적에 쉽게 보아온 풍광들이 이렇게 귀중한 가치가 있는 줄 이제야 알게 되었다. 그동안 무심하게 지나친 자연환경이 우리의 소중한 삶의 터전임을 늦게라도 깨닫게 해준 생태기행 전문 '승우여행사'에 감사할 따름이다.

오래전 중국 실크로드 여행할 때 보았던 높은 모래언덕과 세찬 바람에 비해 온순한 모래언덕이 우릴 기다리고 있었다. 나지막한 모래언덕과 멀리 보이는 수평선, 산의 모양이 편해 보였다. 함께한 여행자 30여 명이 무리지어 걷는다. 고운 모래가 미숫가루처럼 부드럽다. 조금 오르니 바다가 보였다. 잔잔한 4월의 바다가 평온해 보였다. 내려와 방풍림 소나무 숲을 따라 걸었다. 굵은 돌들이 간혹 박힌 길을 걸으며 모처럼 한가로운 시간을 보냈다. 넓은 해변 가에 그림 같은 집이 한 채 보였다. 어느 용기 있는 멋쟁이의 작품 같았다. 넓은 갯벌이 장관이었다.

섬에서 어린 시절을 보낸 친구 경파는 가이드처럼 설명이 풍부하다. 대부분 방풍림 옆 산길을 걸어가고, 덕우회 친구 넷은 약속한 듯이 해변 갯벌로 내려갔다. 멀리 있는 섬이 점으로 보일 정도의 먼 거리에서 바닷물이 조금씩 들어오고 있다. 단단한 모래바닥(사빈)은 물그림자로 얇은 층을 이루고 걷기 좋았다. 깨끗하고 넓은 해변은 자전거 타는 아이들이 있어 그림 같았다.

파도를 가까이서 보고 싶다고 우린 무작정 걸었다. 어느 정도 가니 작은 고둥이 셀 수없이 많았다. 서해안에 많은 비단고둥이란다. 연한 고동색에 검은색 점무늬가 많다. 낮은 원뿔형에 광택이 비단 같다고 붙여진 비단고둥은 그 옆에는 자연스런 곡선이 불규칙하게, 그러나 부담을 주지 않고 여러 모양으로 그려져 있었다. 비단고둥들이 지나간 흔적이라니 또 놀랍다. 고둥은 추상화가다. 마치 보물을 찾아 떠나는 미로 찾기에 나오는 그림을 연상시켰다. 사는 모습이 예술이고 희망이다.

고둥의 움직임은 살아있음을 알려주는 것이라 한다. 단단한 껍질 때문에 상처를 예방하고, 수분의 증발을 막는 등 좋지 못한 환경에 잘 적응할 수 있도록 되어있다. 작은 몸으로 저만큼 멀고 넓게 가려면 얼마나 움직였을까. 조금씩 움직이는 고둥의 노력을 헤아려보았다.

멀리 섬의 모습이 아름답고 파도는 밀려오고 4월의 해풍은 시원스레 우리 볼을 적신다. 손잡고 걷는 우리를 멀리서 진짜 가이드가 카메라를 잡는다. 간단없는 이야기를 하며 단단한 해변 가를 친구와 걷고 있으니 우린 모두 드라마의 주인공이 된다. 앞서가던 팀이 멀리서 우리를 향해 오고 있다. 함께 사진도 찍고, 비단고둥이 그린 추상화 주위를 한없이 바라다본 우리는 행복했다. 습지를 둘러 볼 때도 마음이 가볍고 가끔은 이런 조용한 시골에 와서 자연과 벗하면서 걸어보는 것이 필요하다고 느꼈다. 정한 시간이 되어 버스에 올라 귀경길로 향했다.

모처럼 모래언덕과 조그만 호수를 닮은 습지, 부드러운 모래, 단단한 갯벌, 작은 비단고둥이 갈색 모래펄 위에 그린 선명한 자화상, 그 추상화가 나를 놀라게 했다. 새롭게 했다. 그랬다. 새로움은 항상 자연에 있었다. 바쁘게 살고 있는 우리들의 발자국은 어떤 모습일까.

비단고둥, 진정 너는 희망을 그리는 뛰어난 추상화가다.

# 좌우명

수요일이다. 오후에 외출 약속이 있는 날이다. 해서 아침준비도 즐겁다. 어른은 가볍게, 어린 손자들은 영양을 고려하여 준비한다. 오늘은 토스트다. 우유계란에 식빵을 적셔 팬에 부치고 과일과 우유 한 잔, 치즈도 곁들인다. 어른은 뜨거운 커피를 준비한다. 빵보다 한식을 좋아하는 둘째손자는 오늘도 꼬마주먹밥과 무김치, 껍질째 먹는 사과를 요구한다. 아이들과 함께 아침을 먹는 시간이 즐겁다.

오늘은 좌우명에 대해 생각해보았다. 맨 처음 생각나는 것이 중학교 때 교훈인 '학행일치'다. 진감색 세라복인 교복을 입고 처음 사용한 잉크로 노트필기 하면서 국어, 미술, 영어, 생물 등 다양한 교과에 개성이 뚜렷한 선생님이 들어오시는 각 교과 시간은 신기하고 즐거웠다. 목련꽃이 교화이고 명상의 숲이 있던 교정, 문예반에서 들어본 선배언니의 시낭송, 개교기념일 행사로 참여한 포스터전시회 등은 지금도 생생하다. 그 시절에는 선생님 말씀을 그대로 지키는 '학행일치'였다.

20대에는 괴테의 '젊음은 빛깔이다. 빛깔이 야위기 전에 힘써 구하라'라는 말을 좋아하고, 까뮈의 내면을 응시하는 듯한 프로필 사진이 좋아, 원고지 뒷면에 연필로 그려서 액자에 넣고 보았던 시절은 알 수 없는 부조리에 관심이 있던 때였다.

30대 초반 교사 초년병 시절에는 릴케가 쓴 로뎅론에서 예술가란 몽상가가 아니라 창조자며 탐구자라는 신념으로 '일한다는 것은 창조활동을 의미하는 것이며 생을 실현하는 것일 뿐 아니라 생 그 자체인 것입니다.'라는 말에 힘을 얻고, 내가 맡은 학급의 급훈으로 '일하는 것을 기뻐하자'로 정했는데 독문과 나온 어느 선생님이 '좋아요' 하면서 손을 잡아 주었다.

지난해 여름이다. 여름이 오면 콩국수를 즐겨먹는다. 고향에서 농사지은 메주콩을 물에 불려 삶아서 믹서에 갈고, 국수를 삶아 차가운 콩물을 붓고 소금가미 열무김치와 먹으면 더위가 가시는 내가 좋아하는 별미이다. 지난해는 쉽게 시켜먹었다. 배달된 콩국이 집에서 만든 것과 흡사해서 친근감이 갔다.

어느 날 식품 구입 차 마트에 갔다가 6층에 있는 '행운'이라는 식당을 찾았다. 좁은 장소에 탁자가 4개뿐 벽면에 고풍스런 액자가 있었다. 식당의 좌우명이 눈길을 끌었다.

언젠가 할 일이라면 지금
누군가 할 일이라면 내가
이왕 할 일이라면 즐겁게 하자

좁은 장소이나 쉬지 않고 계속 전화 주문받는 이집의 비결이 거기 있었다. 친절한 것은 물론이고 깨끗한 실내가 마음에 든다. 다시 한 번 이집의 좌우명을 눈으로 읽었다. 주문 나온 콩국을 먹고 바쁘게 나왔다. 오늘 실용성 있고 바람직한 좌우명을 만난 것은 행운이었다.

걸으면서 다시 한 번 그 좌우명을 되뇌어본다. '언젠가 할 일이라면 지금' 하고, '이왕 할 일이라면 즐겁게 하자'라 했던가! 그렇다 그중 하나를 고르자 '이왕 할 일이라면 즐겁게 하자'를!

# 빈 수첩

여름날 아침 거실에 앉아 하늘을 본다. 푸른 하늘과 마그리트구름이 있고, 그 옛날 로마건물이 연상되는 아파트의 상단부가 있다. 또한 창 아래에는 편안한 산과 아파트 몇 동이 보이고, 그 아래 수산시장 건물, 창밖 풍경이 하나의 펼친 수첩으로 보인다. 아파트 넓은 창의 6등분한 면에 비친 그림이 우리 삶의 단면이다. 바쁘게 움직이는 차량의 소음도 예외는 아니다.

살아가는 것은 빈 수첩을 채우는 것. 나에게는 작은 수첩이 많다. 안방 책장에 밝은 핑크와 연보라색 수첩이 있다. 핑크수첩에는 각장마다 귀여운 소녀의 모습, 튤립 꽃, 오뚝이, 놀이터 풍경 등이 호기심 나게 배치되어 있다. 보라색 수첩은 모눈

종이처럼 줄이 그어있어 디자인 연습에 좋을 것 같다. 무언가 중요하고 좋은 것을 적어보고 싶었다. 그러나 빈 수첩 그대로도 보기가 좋다.

가끔 책장 정리할 때 소중하게 보관하는 수첩이 있다. 종이 한 장에서 시작하여 수첩 3권까지 연속해서 적은 연둣빛 수첩이다. 2001년 7월 4일부터 3년 동안 매일 새벽 지혜의 말씀을 한두 줄 적으면서 힘을 얻고 살았던 적이 있다. 훗날 7월 4일이 돌아오면 기념일로 느껴지기도 했다.

밀린 숙제처럼 바쁘게 채워나간 어린 시절의 일기장도 있었다. 한 가지 일이라도 잊지 않고 적은 젊은 시절의 가계부는 그 시절의 어려움과 알뜰함으로 정겹게 느껴진다. 기록에는 감정과 그 시절 역사가 스며있다. 빈 수첩을 보면 자꾸 모으고 싶고, 언젠가 멋진 내용으로 채우고 싶은 것도 내가 살아가는 방법이다.

익지 않은 술을 상에 올릴 수 없는 것처럼 설익은 감정은 그대로 묵혀 기다리는 자세도 필요하다. 크고 작고, 수수하고 귀여운 수첩 모양처럼 풍성한 가을이 올 때까지 기다리는 풋풋한 여름은 또한 얼마나 벅찬 나날인가!

빈 수첩은 무한한 가능성이다. 상상의 날개를 펼 수 있게 우리를 자극하고 가슴 설레게 한다. 헤어지는 법이 없다. 아직 만나지 못한 무수한 내용들을 기다리는 것도 은근 행복이다.

오래된 수첩 중 색동수첩이 있다. 수첩 중간에 노랑 파랑 빨강 색지가 들어있다. 우리 큰아이와 막내아이 결혼 전후 할 일을 적은 것으로, 그 시절을 회상하는, 소중한 자료가 된다. 글을 읽기 시작한 어린 손주가 그 수첩을 갖고 싶다고 조르는 걸 보니 작은 수첩 좋아하는 것도 나를 닮은 듯하다.

가까운 곳이나 멀리 떠날 때 먼저 챙기는 것이 수첩이다. 가장 가까운 친구 같다. 그래서 거리를 두고 그리워하고 가끔 짧게 적고 가끔 읽고 회상하며, 또 새로운 내용을 언제든지 적을 수 있는 빈 수첩은 나에게 쉼이다. 꿈꾸게 하는 공간이다.

# 만 남

오늘은 목요일, 새로운 모임에 간다. 사람 만나는 일을 좋아하고 새로운 것을 배우는 일을 즐긴다. 오랜 학교생활을 마치고 자유롭게 생활할 것으로 기대하기도 전에 새로운 만남이 생겼다. 집 가까운 교회를 정해놓고 다닌 지 8년째다. 그동안 단기간 성경공부, 상담심리 등을 배우곤 했다. 이번에는 작은 책자를 연속적으로 배우는 장기간 성경공부이다. 처음 책자의 제목이 체질개선이다. 알차게 훈련 받을 것 같다.

성경에 나타난 말씀을 자기에게 적용시켜 서로 발표해 보는 시간이 있다. 오늘 함께 배운 내용은 '풀은 마르고 꽃은 시드나 우리 하나님의 말씀은 영원하다'(이사야 40:8) -모든 사물은 없어지고 열매인 꽃까지 시들어 없어지나 하나님의 말씀은 영원히 서리라-에서 '풀 · 꽃 · 우 · 하 · 영'이라고 외운다. 외우는데 약한 나에게도 인식이 잘된다. 보이는 아름다움보다 지혜로운 삶을 말함이리라. 풀꽃 이름 같기도 하고 모임 이름으로도 좋을 것 같다.

우리가 살면서 깨닫지 못하고 정신없이 그날그날 최선을 다한다고 살고 있지만, 조용한 시간을 갖고 좋은 글을 대하면서 명상의 시간을 갖는 일이 중요하다. 사람이 떡으로만 사는 것이 아니요, 우리를 세우는 말씀을 가까이 대함이 우리를 살아가게 하는 힘인 것 같다.

8년 전 가정에서 어려운 일을 당하고도 아이들과 직장생활을 열심히 할 수 있게 한 원동력이 '풀 · 꽃 · 우 · 하 · 영'이었다. 조용한 새벽 성경을 1장씩 읽고 감명 깊은 구절을 노트에 기록하는 생활을 했다. 20대에 산 구약성경을 단편적으로 읽다가 30년이 지난 50대에 와서 2번 완독을 하면서 세월이 갔다. 그동안 우리 집의 꽃인 아들, 딸들이 하나씩 자기 짝을 데려오고, 예쁜 손주도 데려 왔다. 베란다의 동백과 천향난도 다투어 꽃을 피우고, 선인장도 좁은 화분에서 식구를 늘리고 있었다.

지난 1월 중순에 3박 4일 일정으로 타이페이 여행을 갔다. 40년 가까운 교직생활 중 6년을 근무한 마지막학교 교직원 14

분과 함께한 여행이었다. 고궁박물관과 장개석 총통의 일대기를 훌륭하게 전시한 점이 본받을 만했다. 역사적인 기록물의 보전이 중요함을 새삼 느꼈다.

숙소가 바닷가에 있어 인상적이었다. 파도소리가 크게 들려 처음에는 호텔 기계 소음으로 착각할 정도였다. 호텔방은 깨끗한 벽면에 9개의 주전자가 각기 다른 배경색에 그려진 액자, 녹색바탕에 흰 구름이 있는 소파가 있어 아늑했다. 작은 탁자 위의 성경책으로 손이 갔다. 중국, 영어판이다. 짧은 실력이지만 우리말을 연상하면서 읽었다. 내가 대학 시절 처음 본 성경 구절을 찾았다. 그 옛날 아주 작은 쪽 복음에서 본 고린도전서 13장은 놀라웠다. "사랑은 오직 참고, 사랑은 온유하며 투기하는 자가 되지 아니 하며… 모든 것을 참고 모든 것을 믿으며 모든 것을 바라며 모든 것을 견디느니라."-이 말씀을 몇 번 읽고 창밖 베란다로 나갔다.

어둠 속에서 희미하게 불빛도 보이고 어두운 바다 오른쪽에는 언덕으로 둘러쳐지고 반짝반짝 불빛이 별처럼 보이고 있었다. 언제 날이 밝을까 생각하다 잠깐 눈을 붙이고 있으니 어느 사이 날이 밝아오고 있었다. 반가웠다. 밤은 편안히 휴식을 취해서 좋다고 하나 나는 새벽이 오는 것이 반갑다. 바다에 파도가 조용히 밀려오고 있다. 옛날 초임지 용유도 생각이 나고 동해안 포구도 떠오른다. 말없이 파도가 밀려오고 점점 밝아오는 새벽하늘이 인상적이다. 반짝거리는 인가의 불빛은 아쉽게 사라지고 있지만 차알싹 차알싹하고 밀려오는 파도소리는 나에게 그리움을 불러온다.

20대에는 살아가는 법을 찾느라고 CCC(대학생선교회), JOYclub, 각종 수련회 등을 정신없이 찾아다녔다. 모임을 즐겨하는 버릇이 이때부터인 것 같다. 중심부에는 들지 못하고 주변에서 맴돌았지만 열심히 찾아다녔고 학교 밖에서 배움이 더 컸던 것 같다. 좋은 모임에서 여러분들의 모습, 말씀을 듣고 20대를 지냈다.

결혼하여 대가족에 살면서도 나름대로 적응을 잘한 것은 함께한 가족의 따뜻함과 내가 익힌 모임에서의 말씀으로 생각된다. 더 하나는 평생을 학생들과 함께하면서 아이들의 순수함도 한몫 단단히 한 것 같다.

살아가면서 느낌을 표현해 보고 싶은 마음이 들 때 노트에 적어보는 버릇이 있다. 모임 이름도 적어보고, 새해 소망, 학교생활의 즐거움 등을 적으면서 새롭게 찾은 곳이 수필과의 만남이다. 조심스레 찾아간 곳이 진솔하고 자기를 만나는 시간으로 오랫동안 찾은 만남인 것 같았다. 함께 공부하는 분들의 생각과 생활을 적은 글들은 배울 점이 많았다. 인간적이고 따뜻했다. 정리가 안 되는 내 글들이 조금씩 보이기 시작했고, 나름대로 배워보고 싶은 마음이 컸다.

매주 금요일 저녁 수필공부시간이 기다려지고 소중했다. 나를 만나는 시간이기 때문이다. 서투른 학생에게 요리방법으로, 사진 찍는 방법, 그림 그리는 방법 등으로 우리를 깨우쳐 주시는 교수님의 강의는 우리를 조금씩 변하게 했다. 처음 글을 발표한 시간은 떨렸다. 그러나 시간이 갈수록 주변을 보는 시각이 달라지고 내가 보는 방법을 찾아야했다.

새로 이사 간 아파트에서 동백꽃과 작은 화분 몇 개를 돌보면서 관심을 적은 「새벽시간」이 지면에 처음 발표되었을 때는 귀중한 보물을 갖게 된 느낌이었다. 연분홍과 회색이 섞인 표지 꽃그림이 몇 년이 지난 지금도 눈에 선하다. 가까운 친구와 우리 아이들에게 보여주면서 부러울 게 없었다.

그다음 「팥죽」, 「수박과 어머니」 등도 발표하고는 이 모임은 힘이 있을 때까지 다녀야겠다고 마음먹었다. 수필모임은 포도송이처럼 점점 송이가 늘어갔다. 숫자도 늘고 작품도 많이 나온다. 여기에 힘입어 학교를 퇴임할 즈음 『꿈은 기다림이다』라는 제목으로 작은 작품집을 내게 되었다. 학창 시절 그려보았던 꿈이 이루어졌다.

햇살이 고운 이 봄 새로운 꿈을 또 기다려 본다. 새롭게 배우는 '풀꽃우하영'에서 배운 대로 실천하는 삶을 살아갈 수 있게 훈련 중이다. 그동안 가족과 직장생활, 내가 좋아하는 취미교실에서 최선을 다하면서 자족하였던 마음을 내려놓고, 성경과의 만남, 아니 하나님과의 만남 그리고 이웃에게 눈을 돌리는 삶을 생각해본다. 그동안 뜸했던 이모님께 안부전화도 드리고, 몸이 불편해 집에만 계시는 시고모님께도 찾아뵈어야겠다.

# 안개는 추억을 부른다

안개 낀 아침이다. 무채색 하늘에 보이지 않는 나무에서 매미들의 합창소리만 들린다. 안개는 나에게 안정감을 준다. 맑은 날씨를 좋아하지만 파란 하늘에 뭉게구름, 새털구름이 있으면 하늘만 보다가 시간이 가고, 밖으로 향하는 마음을 안개는 차분하게 한다.

베란다에 있는 동백도 오늘은 조용하다. 그 옆에 작은 화분도 바람이 없는 날씨라 정지된 화면처럼 서 있다. 매미소리가 적어질 무렵 펜을 든다.

안개는 추억을 부른다. 어느 날부터인지 모자가 좋아졌다. 우산은 번거롭고 모자를 가볍게 쓰고 나면 어디론가 떠나야할 것 같고, 동행자가 있는 것 같은 마음이 든다. 가방에 책 한 권과 수첩을 넣고 모자와 함께 길을 나선다. 오늘은 '환기미술관' 쪽으로 정했다. 전철에서 내려 미술관 가는 버스를 타고 자하문 고개에서 내린다. 오래전부터 가끔 찾는 곳이라 거리가 정겹다.

입구 우편에는 약간 어두운 도자기 상점이 있고 왼쪽에는 길 아래 초라한 가게가 즐비했는데 몇 년 사이에 고전적인 카페 비슷한 길목으로 변했다. 아기자기한 선물가게, 책과 시계가 장식품인 의자가 몇 안 되는 커피집, 호기심을 부르는 간이식당 입구에 적힌 메뉴들. 언덕길에는 옛 모습 그대로 떡방아간이 있고 작은 탁자에 몇 가지 떡이 진열되어 있었다. 경사진 길을 즐기면서 아래로 내려가면 유럽풍 흰 페인트를 칠한 나무울타리가 있는 집들이 있고 주변과 어울리는 미술관이 나타난다.

'환기museum'이라는 간판과 뜰이 보이는 입구를 지나 층계를 오른다. 넓지 않는 뜰에 소나무와 여름 꽃들이 있고 전면이 유리창으로 된 단정한 커피숍과 전시장이 있다. 개관할 당시 노란빛을 띤 바닥과 의자들이 조금 빛이 바래진 느낌이다. 화려하지 않는 실내가 마음에 든다. 화가의 그림이 들어간 컵, 스카프, 모자. 화가부부의 책들이 진열되어 있다. 책 한 권 사고, 모자를 구경했다. 원래목표는 상설 전시 구경이었는데, 내부 수리 중으로 잠깐 쉬고 있다고 했다. 다음 기회로 약속하고 미술관을 나왔다.

비가 올 듯한 날씨였으나 아직 시간이 있어 다시 영인문학관을 향해 발길을 옮겼다. 보랏빛이 조금 들어간 코트와 어두운 초록에 노랑글씨가 있는 모자를 쓰고 내 생각대로 짐작한 영인문학관은 찾기 어려웠다. 다시 큰길로 나와 무작정 걷고 있는데 평창동에서 문학관 표지팻말을 보니 반가웠다. 거리 안쪽으로 들어가니 경사진 언덕에는 널찍하고 굳게 닫힌 큰 저택들이 모여 있었다. 무서운 개의 컹컹 소리에 문학관을 코앞에 두고 뒤돌아왔다. 나의 행보는 이런 적이 많다. 가는 길에 즐거움을 두고 헤매는 걸 좋아하는 습성은 안개 속과 닮았다.

가는 길 오는 길에 새로운 풍경과 어색한 듯한 건물 등을 사진 찍듯 보면서 생각에 잠긴다. 소박한 가게를 보면 우리 큰아이 공방에 어울릴까, 아니면 자매들의 작업실? 이런저런 생각을 하게 되어 마음이 풍성해진다. 오랫동안 꿈꾸어왔던 생각이 현실로 다가선 느낌이다.

이런 복잡하나 즐거운 상상은 카푸치노를 닮았다. 구름처럼, 안개처럼 표면을 장식하고 그 아래 뜨겁고 달콤한 커피를 숨기고 있는 안개를 닮은 커피. 해서 나는 안개 낀 날은 카푸치노를 즐긴다. 컵 안에서 만들어지는 신기한 구름을 노트에 그려 보곤 한다.

하늘은 아직 무채색이다. 먼 하늘가에서 붉은 기운이 조금 보이기 시작한다. 안개는 그리움을 피워 올린다.

# 눈물이 났다, 행복해서

약속이라도 한 듯 첫눈이 펑펑 내리던 날 떡집을 향했다. 며칠 전에 맞춘 떡을 찾으러 갔다. "돌집에 가세요?" 묻는다. 동인지 창간행사에 쓸까 하고, 미리 선을 보려고 맞춘 것이다. 울퉁불퉁하나 전체적으로 얌전하고도 다소곳이 상자에 담겨있었다. 수수경단이.

행복한 친구들이 기다리는 모임에 도착해서 반가운 인사도 나누고 친구의 작품을 읽고 의견을 보탠 후 간식으로 수수경단을 차와 함께 먹었다. 약간 단맛에 팥의 따뜻하고 넉넉한 맛이 더해졌고, 인절미처럼 차지지는 않으나 쉽게 부서지지도 않는, 부드럽고 순한 수수의 특성이 잘 느껴지는 경단을 맛있게 나눠

먹었다. 추운 날씨와 궁합이 잘 맞는 떡 같았다. 내심 다음 번 중요한 행사에 어울리는 맛이라고 좋아했다.

폭설에 한파까지 겹친 다음날 아침 약속된 문학모임에 갔다. 밝은 주황빛 휘장에 올해 출간된 회원 책 2권의 표지가 멋지게 그려져 있는 것이 오래된 어느 프랑스 마을의 카페를 연상시켰다. 격조 있는 진행에 문인들의 지적 분위기도 물씬 풍겨나고 따뜻한 삶의 향기가 넘쳤다. 시와 음악과 작품에 얽힌 이야기로 시간이 빠르게 흐르고 있었다.

식사와 친교시간, 옆방에 깔끔하게 차린 음식이 기다리고 있었다. 속이 꽉 찬 김밥과 청포도, 붉은 토마토, 귤, 흑임자 인절미, 녹차로 착각한 컵 미역국까지 준비된 탁자에서 개인접시에 취향대로 음식을 가져와 즐겁게 먹으면서 담소도 나누었다. 작은 모임에서 출발하여 해마다 내용을 달리하는 변화 있는 송년잔치로 감동을 주는 모임이 고맙고, 조용히 번져나는 따스함이 행복하게 했다.

송년모임이 끝나고 집에 오는 길에서다. 즐거움에 들떠 잠깐 방심한 탓인지 나도 모르게 넘어졌다. 귀에 익은 목소리가 나를 일으켜주어 정신을 차리니 뒷머리에 혹이 생겼다. 잠시 생각하다 병원에 갔다. 의사의 소견대로 처치를 했다. 그때 다짐했다. 모임을 줄여야겠다고. 수요일만 남겨두고 2, 3개의 모임을 그만두겠다고 생각했다. 가을부터 한 군데 더 나가느라 쉴 새 없이 부산했다. 소 잃고라도 외양간을 고쳐야지 했다.

사고는 순간이다. 붕대로 감은 머리를 보고 느낌이 이상했다. 가족이 오고 입원을 했다. 매일 보는 손자인데도 갑자기 더 귀하다. 며느리도 고맙고. 저녁에 와서 불편한 잠자리에서 말없이 잠을 자는 아들도 고마웠다. 아침에 흐트러진 붕대를 차분히 새로 매주는 아들도 고마웠다.

여러 해 전 입원했던 아이들 아빠가 생각났다. 몇 개월을 병원에 있을 때 얼마나 괴로웠을까? 병원에서 출근도 하고, 마지막에는 혼자 남아 지킬 일까지 일러주던 속 깊은 남편이 잠시 떠올랐다.

3일 만에 퇴원하고 집에 오니 생일처럼 세 자녀 가족이 다 모였다. 아직 어린 손주들이라 시끌벅적하게 하루를 보내고 각자 집으로 갔다. 아픔 속에서 행복했다. 저마다 염려의 눈빛으로 어린 학생에게 이르듯 조심을 하란다.

4일 째가 되니 오른쪽 눈 주위에 멍이 들어 연극인처럼 분장한 꼴이 되었다. 아침에 눈 뜨면 거울 보는데 차도가 없어 걱정을 하다 억지로 잊고 지낸 척했더니 조금씩 연해지기 시작했다. 시간과 인체의 비밀인지, 신비인지, 모든 이치가 빠름이 아니다. 시간이 지나야 원상회복이 되는 걸 이번에 알았다. 우리 몸이 중요함을 알았지만 이번처럼 뼈, 핏줄, 피부, 머리칼 등 몸 전체가 얼마나 소중한지 새삼 깨닫고 어느 한쪽으로 치우침이 아니라 조화롭게 살아가는 것을 실천해야겠다.

10년 넘게 다니는 교회에 구역모임이 있어 셋이 모이는데 절친이다. 비슷한 나이에 취향이 비슷해서 만나면 이야기가 끝이 없다. 초롱초롱한 눈매의 커피를 좋아하는 친구와 반백의 미인친구가 진눈깨비 오던 날 위험을 무릅쓰고 가져온 뜨거운 흑임자죽은 눈물이 나는 선물이었다.

친구가 뭐라고 이렇게 따뜻한 정을 가지고 오다니, 기쁘고 흥분된 목소리로 자꾸 자꾸 이야기를 했다. 나에게 있어 정이란 수필이다. 새로 나온 창작수필을 드렸다. 오랜만에 먹어본 흑임자죽은 내가 정말 환자라는 생각이 들었다.

올 한 해 여행을 세 번이나 함께한 단정한 친구는 어찌된 일이냐며 아기자기하고 맛깔스런 만주를 보내왔다. 눈물 나는 친구다. 지난번에 멋진 노래 '산들바람'으로 가슴을 울리더니, 또 다시 고마운 정을 더했다.

등단의 감격이 아직 꽃처럼 피어나고 있을 미소 친구 미와 정은 꽃을 배달시킨다 해놓고, 장미 스무 송이를 들고 직접 찾아왔으니, 또 다른 눈물 나는 친구다.

어려울 때 진심으로 손잡아주는 친구가 있으니 마음이 따뜻했다. 진심어린 전화 한 번이 중요하고 진심에서 우러나온 한 번의 만남이 얼마나 힘이 되는지 늦게야 알 게 되었다. 흐뭇하고도 즐거운 생각에 혼자 웃는다. 더하여 미리 수수경단을 먹고서 그 다음날 넘어져서 적게 다친 것은 아닌지, 흐트러지기 쉬운 마음을 새롭게 다잡으라는 무언의 가르침인지 조용한 이 시간, 깊은 생각에 잠겨본다.

그래, 눈물 나는 친구를 가진 나는 참 행복하다. 수필이 묶어준 친구들이라 더욱 그렇다.

# 꿈이 있는 수요일

행복문자로 시작하는 수요일이 기다려진다.

3년째 "행복한 수요일입니다."라는 문자를 보내면서 함께하는 수필동인들의 모습이 차례로 떠오른다. 어릴 적 외갓집에서 좋은 소식을 가져오는 까치를 기다렸다던 희보선생, 멀리 있는 손녀의 정다운 소식을 큰 기쁨으로 여기시는 정바라기 장독대님, 눈금이 닳아진 자막대기를 엄마의 가르침으로 마음에 새긴 선한 눈빛의 풀꽃시인님, 청아한 목소리로 우리를 가을의 깊은 정취로 데려가 주시는 성악가님…. 이들은 늘 우리를 기쁘게 한다.

2008년 1월, 30년 넘게 평생의 주요무대였던 교직을 마쳤다. 오랫동안 계속할 수 있었던 것은 순수한 학생들의 힘과 말없이 책임을 다하는 많은 선생님들과의 즐겁고 보람된 학교생활이었다. 퇴직 후 자유로운 생활이 주어지자 먼저 떠오른 것은 따뜻한 글을 쓰고 정답게 사는 방법찾기, 수필교실이었다.

2008년 3월 수요수필에서 만난 민들레님은 단정하며 강인한 토종 민들레를 땅에 가득히 쌓인 금으로 표현했다. 정갈한 손맛이 느껴지는 K님의 '내 이름은 할머니'의 산뜻한 작품은 오래 기억된다. 수분크림처럼 변함없이 친숙한 자리를 내주시는 '설궁의 꽃잔디'님, 가끔씩 정다움을 그윽하게 풍기시며 격려하는 '망개떡 여인' J 아그로 님은 우리 수요반의 중추적 인물이다.

또 있다. 풍광 좋은 언덕 위 미술관에서 특이한 전시를 제공하여 신선함을 주는 홍지스페이스님, 샘물처럼 맑은 어린 시절의 추억을 '그리움'으로 표현한 여주 편지글님도 귀하고, 무엇보다 맑은 모습으로 우리 수요반을 행복의 문으로 안내하시는 오교수님의 드라마틱한 음성과 교수법은 우리를 행복하게 한다.

살아간다는 것은 끊임없이 노력하는 '꿈 이루기'이다. 수필교실에서 시작한 그 꿈 키우기는 각기 다른 무늬를 가진 동호인들이 작은 음악회를 준비하는 것과 닮았다. 자신의 진솔한 모습을 그대로 드러내는 일, 살짝 가리고 꾸며 보는 일, 물처럼 구름처럼 자연스런 모습으로 우리의 마음을 비워 보는 일은 어려웠다. 시간이 가고 차츰 달라지는 자신을 발견하고는 모두 즐거워하고 있다.

오늘을 있게 한 꿈의 시작은 오래전 70년대 초, 초임지인 경기도 용유중학교가 있는 섬마을이었다. 황량한 모래바람, 바닷가에 붉게 핀 해당화 무리, 구부러진 소나무의 의지로움, 교회당 가는 길목에 욕심 없이 흔들리는 키 큰 수숫대의 물결은 훗날 수필쓰기의 마음밭이 되었다. 퇴직 후 수필교실에서 문집을 창간할 때 '수수문학'이란 제호로 부활할 줄은 생각지 못했다. 꿈은 기다리고 이어짐으로써 이루어진다는 것을 실감했다.

보물처럼 간직하고 있는 교지(校誌)가 몇 권 있다. 1983년 의정부여고에서 근무할 때 교지 『백학』 15호에 「나의 취미, 나의 보람」으로 섬 풍경을 그린 짧은 글이 실렸다. 반짝이는 분홍빛 아침바다, 어두워질 때 출항하는 고기잡이배의 등불, 퇴근길의 빈 논물에 비친 낙조 등 꿈같은 풍경이다.

1994년 서울 경기여고 근무시절 교지 『매원』 39호에 「하나, 열셋의 별과 꿈」이 실렸다. 교내축제인 영매전에서 담임한 1학년 13반 학생들의 활동상황이다. 각 나라 민속의상과 연결된 연극이다. '전쟁은 싫어, 오! 노오'를 열연한 베트남전의 참상이었다. 학생들 스스로 의상을 준비하고 배역도 정하고 편집 영상까지 하는 문화 학습이었다. 주제와 어울리게 실감나는 연기와 음향에 많은 박수를 받았다.

2007년 가을에 퇴직을 앞두고 『꿈은 기다림이다』라는 문집을 꾸며보았다. 초임지부터 마지막 학교인 서초고교에서 학생들과의 즐거운 수업풍경, 발표회 등이다. 그중 기억에 남는 것이 2006년 10월, 교내 서리풀 축제에서 「보석처럼 빛나는 나의 꿈」 제목으로 학생들의 장래 희망과 직업을 자수도안으로 발표했다. 학생들의 자신감과 꿈을 키워주는 일이었다. 7년이 지난 지금도 생각나는 것은 '옥수수마을의 치과의사,' '웨딩드레스 제작자', '동물애호가', '동글이 가구점 주인' 등이다. 붉은 타이의 남자와 금색머리의 여자로 표현한 금선령 학생의 '현모양처'는 압권이었다. 아직 보관하고 있다.

퇴직 후에도 꿈은 이어지고 있었다. 수요 수필반에서 조용하고 따뜻한 어울림 속에서 다섯 해를 보내고 2012년 12월, 『수수문학』 창간호를 출간하게 되었다. 수요수필이 주축이 된, 포근한 문인 16명의 정성이 모였다. 순수한 떨림 그 자체였다. 반응은 뜨거웠다. 값진 선물이라며 멀리 남쪽에서 격려글이 오고, 전화로 메일로 50여 문인이 답신을 보내왔다. 정 나누기였다. 꿈으로 이룩한 새로운 길을 시작한 수요반회원은 감격해하며 뜨겁게 손을 잡았다.

잔잔한 행복의 물결이 넓게 멀리 퍼지기 시작했다. 2014년 1월 15일에 『수수문학』 2집을 또 출간했다. 이번호에는 시와 수필 외에 시조, 문경아리랑, 현대미술작품, 사진 등이 첨가되어 21명 회원의 땀이 담긴 알찬 열매였다. 남산 '문학의집 · 서울'에서 2집 출판기념회를 가질 때 바쁜 새해 벽두에 먼 길 마다하지 않고 수원, 김포, 광주, 파주 등지에서 참석하신 30여 분의 모습은 밝고 따뜻했다.

축하순서에 따라 진행된 가곡, 플룻 연주, 시낭송, 수필낭송…. 그중 부드럽고 정온한 느낌의 사회자 나팔꽃님의 수필낭송은 장내를 뜨겁게 했다. 순서에 따라 '만남'을 노래할 때 손을 잡고 원을 그리며 부를 때는 모두 청년 시절로 돌아간 듯했다. 그중 자이언트 남, 백화당 신씨, 샛별 길, 초롱초롱한 한, 푸른색이 어울리는 박 그린의 음성은 더 아름다웠다.

수필을 쓰면서 주위의 행복한 얼굴이 보이기 시작하고 작은 사물까지 귀하게 보이기 시작했다. 힘들었던 지나간 일들도 무지개처럼 아름답게 다가오곤 했다. 부족하지만 조금씩 노력하는, 그러나 끊임없이 이어지는 '행복발전소 수수문학'이 되겠다고 한 2집 출판기념 인사말이 내 좌우명이 되었다.

해서 수요일이 오면 꿈으로 가득한 수수한 문우들의 행복한 미소가 떠오른다. 내가 살아가는 이유가 된다. 아니, '꿈이야말로 쉬지 않고 계속 이어짐으로써만 이뤄진다'는 우리들의 소박한 신념(信念)을 다지는 하루가 된다.

# 정나누기

"할머니, 꽃 피었어요!"

우리 집 큰손자의 일성으로 다섯 가족이 동백꽃 앞에 섰다. 윤기 잃은 동백나무에서 꽃이 핀 것이다.

3년 전 분갈이하고 꽃을 못 본 지 몇 해. 뿌리를 많이 잘라 5년은 화분을 옮기지 말라고 했다. 뿌리가 약해 힘이 위까지 올라오지 못해 줄기가 시들고 두껍던 잎사귀가 얇아지고 누런 색이 많아지더니 한 해는 어렵게 꽃봉오리가 여러 개 맺혔는데 그대로 마른 채 고개를 숙였다. 이러다가 꽃을 영영 못 보는 게 아닌가 하고 아쉽기만 했다.

오래전 옛집에서 가져온 낡은 플라스틱 화분에서 걱정 없이 자라는 형제처럼 풍성했던 전성기 시절의 동백꽃만 영상에서 찾곤 했다. 지난겨울 꽃필 기미가 전혀 없어 포기하고 있었는데 3월 중순(음력 2월)에 동백나무 맨 꼭대기에서 꽃이 핀 것이다. 주위에 서너 개 봉오리가 있었다. 반갑고 놀랍다.

그런대로 무병했던 내가 안과 수술을 받고 멍하게 별별 생각을 다 하고 있던 참이었다. 한 쪽은 모델하우스 방문 때 느낌 같은 시야, 다른 쪽은 옛날 단독에서 살던 모습이 떠오르고 좌우 시력이 차이가 난다. 외출을 자유롭게 하다가 일주일 집에 있으려니 편하면서도 밖으로 향하는 마음은 여전했다.

그사이 동백꽃의 두 번째 송이가 피기 시작했다. 아침에 일어나면 베란다에서 꽃나무를 보면서 폰으로 위에서 사진을 찍었다. 고왔다. 힘이 있었다. 어려운 자기 현실을 감내하며 이겨낸 희망찬 봄소식이었다. 위로였다. 동백주인이 말없이 지켜보다가 가까이 온 느낌이었다. 아이들같이 마음이 들뜨고 얼굴이 펴지는 것 같았다.

혼자 보기가 아까워 핸드폰영상으로 몇 분에게 보냈다. 꽃의 붉은색을 바람에 실어 보냈다. 꽃씨를 뿌린 것 같기도 하고 편지를 보내는 마음이기도 했다. 발 빠른 답도 오고, 멀리서 훈훈한 마음이라고 답이 온다. 라일락과 풀꽃을 좋아하는 시인은 동백을 보고 눈을 뗄 수가 없다. 마음을 빼앗겼다고. 여행 중인 분은 동강 풍경을 담아 보내왔다. 가는 마음 오는 마음이다. 덤으로 얻은 정나누기의 선물이다. 동백꽃 선물이다. 붉은 꽃 한 송이를 영상으로 나누고, 멀리서 가까이서 안부를 묻고 즐거움을 전하는 일을 하면서 오래전에 옛집에서 펼쳐진 풍경과 겹친다. 정나누기는 소박한 어울림이다.

오래전 아이들 아빠가 천렵해서 잔물고기를 집에 가져와 손수 손질하여 매운탕을 준비하면서 마음에 맞는 친구를 부르곤 했다. 그 당시는 깊은 정을 알기에는 주변이 너무 복잡할 때였다. 가깝지 않은 곳에서 손수 농사를 지으시는 정이 많은 S선생은 금방 뽑은 무, 푸성귀 등을 들고, 대추나무로 새를 조각(공예)하시는 차분한 Y선생은 안주대신 솟대모양의 새 조각을 상자에 가져오시고, 테니스를 즐겨하시는 시원스런 K선생은 반가운 미소를 선물로 준비하신 우리가족과 오랫동안 친숙한 친구 분들이다. 매운탕에 소주, 간단한 안주라도 세상 부러울 게 없는 호탕한 웃음과 담소들이 어제인 듯 떠오른다. 나눔이다. 일상의 작은 나눔으로 정이 흐르고 살아가는 맛을 서로 나누는 일이다.

추운 겨울이 지나고 봄이 오 듯 한동안 아팠던 친구에게 보낸 동백의 붉은 꽃송이는 그간의 소원했던 우정에 온기를 가져왔다. "탐스럽게 활짝 핀 꽃의 생기가 새 생명의 환희를 느끼게 한다. 겨우내 기울인 정성과 사랑이 묻어난다."는 친구의 답신은 오랜만에 느껴보는 교감이었다.

그랬다. 무언가 새롭게 시작하는 대지의 봄기운처럼, 영양이 부족한 상태에서도 전력을 다해 꽃피우기를 노력한 동백의 선연한 붉은 꽃잎은 딱딱했던 나의 마음을 다시 펌프질 한다. 용기를 준다. 어려운 일에도 말없이 우리를 향하고 있는 붉은 동백은 위로다. 따뜻함이다. 정나누기다.

# 저 구름 흘러가는 곳

오늘은 유난히 맑은 날씨다. 파란 하늘에 뭉게구름이 두둥실 떠있고 새털 같은 자연스런 구름은 조용히 움직이고 있다.

어릴 적부터 하늘을 보고 구름을 보는 것을 좋아했다. 파란하늘에 그림을 그리듯이, 가볍고 자연스럽게 자유자재로 형태를 나타내고 사라지는 각종 모양의 구름 중 뭉게구름이 좋았다.

오늘은 갑작스레 큰어머님의 부음을 듣고 허둥지둥 옷가지를 챙기고 병원으로 갔다. 분당서울대병원 가는 길이 오늘따라 단풍이 더욱 곱다. 함께 즐겁게 이야기 못할 처지를 생각하니 크게 아쉽다. 꼿꼿하시고 음성도 카랑카랑하셨는데.

지난 10월 큰아버님 추도예배 시 함께 모여 예배보고 저녁도 함흥 만둣국 등으로 맛있게 먹고, 행사가 있을 때는 미리 가서 이런 저런 말씀도 나누고 온화하신 모습으로 말씀하시던 모습이 생각난다.

발인예배보고 경춘공원으로 향했다. 울긋불긋 단풍으로 가을 소풍 길 같다. 정한 산소자리 위쪽에 붉은 단풍나무와 하얗게 포장 친 것처럼 하얀 뭉게구름이 장식을 하고 있었다. 하관예배를 마치고 아래 사촌오빠 묘비 옆에 큰아버님이 손수 적으신 「못 잊어」 글은 생시의 엄하시면서 자애로우신 큰아버님 모습 그대로였다.

40대 아들을 먼저 보낸 연로한 아버지의 아픈 마음이 절절하셨다. 총명했던 오빠의 어릴 적 모습, 꿈을 펼치기 시작한 의사의 모습, 하늘나라에서 꿈을 펼치라는 순서로 적으시고 끝에 적으신 '죽헌'이라는 호는 생전의 큰아버님의 모습과 꼭 닮은 내용이었다.

또 잊혀진 아픔이 있었다. 사촌동생댁의 묘 옆에 '우린 정말 사랑하고 살았지. 하늘나라에서 편히 쉬라'는 젊은 남편의 글이 있었다.

버스에 혼자 앉았다. 차창밖에 구름이 가볍게 흘러가고 있었다. 저 구름이 흘러가는 곳에 큰어머님, 큰아버님, 오빠, 동생댁 모두 계실 것 같았다. 파란 하늘에 새하얀 구름이 흘러가고 있었다.

3.

# 달빛무늬의 손자

# 꿈이 많은 아이

창밖에 눈이 내린다. 아직 정월이라 겨울이지만 마음은 봄을 기다리는 2월이다. 눈 오는 모양이 나비가 정신없이 나부대는 듯하다. 오늘은 이야기를 좋아하는 외손자를 만나려고 딸네 집에 왔다. 어릴 적부터 책 보기를 좋아하더니 아무 이야기를 해도 잘 듣고 맞장구를 친다.

외손자는 만나는 즉시 반가움을 눈에 가득 담고 할머니를 환영한다. 할머니는 벌써 기분이 좋아지고 있다. 우선 "몇 밤 계실 거예요?" 하고 묻는다. 조금만 쉬고 공연 사회를 흉내내면서 무대도 꾸민다. 삼원색으로 된 접이식 매트를 세워 무대장식하고 사회자와 주인공 역할놀이를 시작한다. 창작 뮤지컬을 좋아하는 손자는 어느 날 할머니의 "멧돼지~멧돼지" 하면서 두 손을 마주잡고 목청껏 소리를 높이는 모습을 보면서 즐거워했다. 어린 손자 앞에서 맘껏 웃겨 보고 싶은 할머니 마음과 명사회자와 자신의 끼를 나타내고 싶은 꿈 많은 어린 배우는 즐거운 웃음소리가 터진다.

발표력을 연습하던 손자는 어느 날 "내 꿈은 건축가입니다. 저는 집을 크게 지어서 할아버지, 할머니를 모시고 살고 싶어요. 그리고 외할머니도 함께 살고 싶어요." 하면서 꿈을 오페라 가수에서 건축가로 바꿨다고 얼굴을 붉히며 긴 설명을 할 때도 의젓하고 귀엽다.

저녁이 되면 책 읽자며 몇 권씩 동화책 가져오는 손자는 전래동화를 좋아한다. 여러 해가 지난 지금도 기억에 남는 것은 크리스마스트리에 관한 것이다. 어느 부자가 큰 트리를 집에 장식하고 남는 머리 부분을 잘라 밖에 던지니, 지나던 행인이 가져가 장식하고 남은 머리 부분을 잘라 또 밖으로 던지고 또 지나가는 가난한 행인이 가져가서 집에 장식한다는 내용이다. 선명한 걸 보니 그 책을 읽는 동안 어린이 정서에 푹 빠진 것 같다. 나눔이다. 그래서 동화책이 철학이다. 가끔 만나면 그 나무를 기억해내고 서로 웃는다.

방학숙제로 스크랩을 하면서 어린이 신문을 가져오더니 '나의 가치를 높이는 영어'라고 적힌 기사를 선택한다. 핵심, 관련, 중요 세 그룹으로 나누어 흰 도화지에 붙인다. 다른 한 장에는 '식물을 춤추게 하는 음악'을 선택하더니 '식물도 아프다.', '잘 자란 식물', '음악은 사랑이다' 세 그룹으로 나누면서 꼼꼼하게 가위질하며 붙이는 모습을 칭찬했더니 "할머니와 나는 호흡이 맞아요." 하면서 어른스럽게 말한다.

두 해 전 생일날 받은 손자들이 적은 짧은 편지들은 나를 기쁘게 한다. "할머니 초록기차를 그려주셔서 고맙습니다." "연두색을 좋아하셔서 연두색 편지를 적어요." 하면서 연두 이파리가 있는 편지지에 "반갑게 맞아주고 함께 놀이해주신 점이 고맙다"고 적은 어린 손자의 편지는 행복한 선물이었다. 겉봉투도 연두색으로 할머니를 기쁘게 했다.

아이 키우는 것이 나무 키우기와 닮았다고 한다. 순수하나 아직 모든 것이 미숙한 아이에게 따뜻한 정으로 웃기, 함께 놀아주기, 책 읽어주기 등 작은 순에서 피어난 어린 묘목처럼 자라고 있는 순수한 손자들의 모습에서 행복을 느낀다. 그중에서도 소통이 잘 되는 꿈이 많은 아이와 함께하는 날은 무지개 동산에 놀러온 기분이다. 젊어지는 시간이다.

# 외갓집 DNA

## 1. 외갓집 풍경

외갓집은 남쪽 소도시인 S시에 위치한 큰 포목상이었다. 넓은 가게에 오색찬란한 천이 있었다. 부드러운 유똥, 망사, 양단, 호박단, 옥양목 등. 가게 양쪽 유리 진열장에는 토끼털배자, 색동저고리, 오간지 등이 진열되어 있었다. 낮에도 백열등이 켜져 있어 색이 더욱 아름답게 보였다.

외갓집에는 식구가 많았다. 대가족으로 결혼한 삼촌도 한 집에 살았다. 큰외숙모는 녹색을 좋아해 골덴 옷이 녹색이었고, 작은외숙모는 솜씨가 좋았다. 인조견으로 속치마도 만들어 주시고 중학교 시절 학생회장 선거 소견 발표문도 적어주셨다.

작은외숙모 방에는 화장대 위에 글라디올러스 꽃병도 있고, 어린 내가 보기에도 달필로 적은 일기장도 있었다.

특히 작은외삼촌은 음식을 잘했다. 지금 생각하니 야채전골이다. 배추, 당면, 쇠고기 등을 넣고 끓인 전골은 일품이었다. 초등학교 시절 방학숙제인 식물채집도 도와주셨다. 헌책이나 신문지 사이에 채집한 풀들을 펴서 덮고 무거운 돌로 눌렀다가 깨끗한 도화지에 붙이고 옆에 설명을 적을 때 반듯하게 줄을 긋는 것도 알려주셨다.

외할아버지를 도와 장군처럼 일처리 하는 엄마를 대신해서 대 식구 살림은 외할머니와 외숙모 두 분, 돕는 언니도 있었다. 명절이 오면 가마니 깔고 놋그릇을 짚으로 닦아 빛이 나게 하고, 여름철이면 수돗가 옆의 네모진 물탱크에는 참외 수박이 시원하게 잠겨 있었다. 가을이 되면 메주 만들기를 위해 검은 가마솥에 콩을 삶고 절구에 찧어 넓은 마루에 줄맞추어 메주덩이가 만들어졌다. 어느 해인가, 메주콩을 절구통에서 찧다가 외할머니 손가락을 많이 다쳐 병원에 가신 일도 생각이 난다.

셋째 외삼촌이 서울에 있는 경기고등학교에 다닐 때다. 모윤숙이 쓴 『포도원』이라는 책을 사주시고, 삼촌이 쓰던 안현필 저 『삼위일체 기초영어』 참고서에 잔소리란 난이 있어 관심 있게 읽었던 일, 표지 그림인 샤갈의 「눈 내리는 마을」이 신기해서 교내 포스터 그리기에서 불조심과 관련해 모양을 조금 본떠서 그렸던 일이 기억에 남는다.

## 2. 외갓집과 학창 시절

나는 중학교를 졸업할 때까지 외가에서 살았다. 포목점 일을 하시는 엄마 때문이었다. 알록달록한 색깔 속에서 살아서인가, 초등학교시절부터 미술시간이 좋았다. 꽃병, 주전자, 화분 또 친구들이 모델로 앞에 나와 서 있고 우리는 그대로 그렸다. 특히 6학년 때 담임선생님은 실내 환경미화에 뛰어나셨다.

표어제작도 훌륭하시고 교실 측면 나무조각판에 '앎은 힘이다.' '인내는 쓰나 열매는 달다.' 등을 붙이신 점은 지금도 기억에 새롭다.

초등학교 졸업할 때 김종래 작 만화가 유행일 때다. 내 생각과 달리 담임선생님은 나폴레옹 위인전을 사주셨는데 표지색이 빨강색인 것이 생각나는 것을 보면 어릴 적부터 색깔에 관심이 많았던 것 같다. 시력이 약해서인지 사람을 기억하는 것도 인상 깊었던 그 옷의 색깔이 큰 몫을 한다.

중학교에 와서도 미술교과와 말이 적은 미술 선생님이 마음에 들었다. 크리스마스카드 제작 등이 좋았고 교내 포스터 전시회에 관심이 많아 개교기념일을 목련화로 표현한 것이 입상하기도 했다.

학창 시절 의상에 관심이 많고 기억에 남는 것이 색과 질감이다. 미술과 수예시간이 좋았다. 이 모든 것이 어릴 적 외갓집 생활에서 기인된 것 같다. 이모가 입은 고운 팥색 유똥치마와 비단저고리, 엄마가 나들이 때 입으신 안감 받친 진한 녹색 망사치마, 금박이 조금 들어간 구름모양이었다. 또 중학교 때 입은 감색 세루 교복의 질감 등이 어제인 듯 새로운 것이 신기하다.

외갓집에서 받은 DNA이다. 10대에 물려받은 학습이 20대에서 60대까지 50년이나 지속되는 것을 보니 태어날 때 유전자 못지않게 환경 DNA가 이렇게 큰 영향을 준다는 것을 확실하게 느끼는 요즈음이다.

퇴직 후 이미지교실에서 미술사 등을 공부하고 있다. 무언가 표현하고 싶은 것은 섬유와 색채이다. 형태와 색에 따른 연상작용이 그것이다. 은회색을 보면 안개와 카푸치노가 생각나고, 노랑을 보면 따뜻한 이미지가 떠오르고, 칸나의 붉은색을 보면 헤어진 친구가, 구겨지는 검은 광목을 보면 학창 시절 눈이 큰 야생의 후배가 생각난다. 기숙사 생활할 때 손수 플레어스커트를 만들어 입고 챙이 넓은 모자를 쓰고 외출하며 미소 짓던 모습. 모임에서도 새로운 친구가 오면 소지품 등 옷색이 먼저 들어온다.

몇 해 전 남대문시장 해외 수출품제작 가게에서 폭이 좁고 길이가 긴 머플러를 10개 샀다. 마음에 드는 것은 2개인데 10개가 한 묶음이라서 샀다. 하나하나에는 고운 색과 느낌이 있었다. 판넬에 작품을 해 보든지 아니면 마음에 드는 사람에게 한 개씩 선물하려고 내심 생각했다. 이런 나를 소녀 취향이라며 웃는 친구가 많다. 허나 누구나 꿈을 꾸고 사는 것이 우리네 삶이 아닌가. 어릴 적 외갓집에서 받은 학습의 결과가 늦게 늦게 나타나서 살아가는 즐거움을 주고 있는 것이다. 해서, 나에게 외갓집은 꿈을 찾아가는 무지개 다리였다.

### 3.외갓집은 꿈의 고향

외가에서 장녀인 어머니는 외할아버지를 도와 큰 포목상을 운영하셨다. 어린 시절 외할머니, 외숙모의 보살핌으로 어려움 없이 밝게 자란 것이, 아니 고운 꿈을 키운 것이 나에겐 큰 복이었다.

대학 졸업 후 교사생활 중 기억에 남는 일이 있다. 경기도 Y 섬마을에서 순수한 학생들과 지역산물인 조개껍질과 마른 생선으로 향토관을 꾸민 일, 여학생만 모여서 수예수업할 때다. 교실 밖 숲속에서 뻐꾸기가 울고, 예쁘게 수놓으려는 여학생의 볼은 더욱 붉게 피어났다. 섬마을에서 추운 겨울은 모래바람으로 황량했지만 그 황량함을 이겨낸 것도 실은 꿈의 고향인 외갓집 덕이지 싶다.

그랬다. 초임지 섬마을에서 어려웠던 순간에도 적응을 잘 할 수 있었던 것은 어릴 적 외가에서 많은 식구들과 살면서 서로 돕고 배려하는 외할머니의 따뜻한 모습을 떠올렸기 때문이었다. 그래서 외갓집은 언제나 나의 영원한 고향이다. 영원한 DNA이다.

## 아빠를 닮았어요

보통 두께의 수건 속에 어쩌다 끼어 있는 얇은 수건이 가볍게 느껴질 때면 문득 옛일이 생각난다.

몸이 가볍고 행동이 민첩하고 생각도 앞서는 남편은 여름이 오면 유난히 얇은 수건 타령이었다. 생활용품에 그다지 예민하지 못한 나는 이해가 안 갔다. '수건두께가 뭐 그리 중요한가? 그냥 쓰면 안 돼?' 엉뚱한 고집이라고 생각했다. 하지만 지금 곰곰 생각해보니 그건 직장생활에 전념하는 나에게 살림에 더 신경 쓰라는 알뜰한 지적이 아니었나 싶다.

남편은 가볍고 빠른 것을 좋아했다. 계산기도 빛으로 사용가능한 너무 얇은 거고, 수첩 역시 날아가는 글씨로 전화번호만 적은 최소형, 볼펜도 모양이나 색깔은 무관, 단순기능으로 가벼운 것을 즐겼다. 그러니 제일 마음에 걸리는 것이 때맞추어 얇은 수건 좀 많이 사서 편하게 해주지 못한 거다.

음식은 예외다. 대가족 장남이라 그런지 넉넉하게 준비하고 양념과 장식하는 것을 즐기고 과일도 큼직한 것을 좋아했다. 문구류 등에 관심이 많고 먹는 것은 간소한 것을 좋아하는 나와는 달랐다. 그러나 성실하고 절대 정직, 친척과 친구에 대한 배려가 깊고 전통적인 사고방식 등이 좋은 점이었다. 가정생활에서의 제일 큰 기쁨은 아이들이 밝게 자라주는 것이었다. 그래서인가, 어릴 적부터 아빠성격을 닮은 막내딸은 시원시원하고 정이 많다. 주위에 친구가 많다. 집에 올 때마다 알뜰한 선물을 가져온다. 네 살배기 조카 먹으라고 콩장도 해오고 오이피클, 깍두기를 만들어 작은 그릇에 가져온다. 아빠제사에 와서도 전유어 부치기도 척척이다. 제사 음식준비 하는 엄마를 생각해 김밥까지 만들어오는 막내는 살림꾼이다. 초등학교 때부터 할머니가 칼국수 준비하실 때 옆에서 밀가루를 손에 묻히면서 호기심 있게 참여하더니 음식 만드는데 관심이 많다.

멀리 강원도에 있는 큰딸은 전화도 잘하고 생전에 시계고치기, 아코디언 손질에 취미가 있었던 아빠를 닮았는지 최근 금속공예 공부를 시작하고 전공을 찾은 듯 의욕을 보이고 있다.

예술의 전당에서, 덕수궁에서 열린 세계적인 보석전시에 두 번이나 부부가 함께 달려오는 열정은 우리를 놀라게 했다.

기술을 익혀 자신의 힘으로 살아가라고 하던 생전의 아빠말씀에 약속이라도 한 것처럼 요리에 관심이 많은 아들은 외국요리전문 업체에서 일하고 있다. 한창 새로운 메뉴계발로 새벽까지 자료 수집하는 아들을 보고 있으려니 옛일이 떠오른다.

교직이라는 정해진 틀 속에서 학생들의 지도에 열성을 보였던 남편은 장남으로서 책임감 때문인지, 훗날 가업으로 이어질 새로운 사업을 구상하는 일을 즐겼다. 고향에서 나는 토산물을 이용한 건조처리법, 해산물을 이용한 젓갈 만들기 등 실제로 재료를 사서 연구하는 자세로 시범을 보이면서 진지하게 새로운 요리법에 몰두한 적이 있었다.

요즘의 아들이 꼭 닮아가고 있다. 최근에는 직장에서 수석조리장이 출근하지 않을 때면 새로운 조리법을 시도하여 호평을 받은 일이 있고, 집에서 반찬을 먹을 때도 맛과 첨가재료에 대해 관심 있게 의견을 제시하여 가족들을 놀라게 한다.

아들의 진로는 초등학교 무렵에 나타난 것 같다. 아들이 초등학교 5학년 때쯤 집에서 핫케익을 만든 적이 있었다. 큰딸은 새롭게 적은 양을 만들고 막내딸은 두툼하게 많은 양을 준비하고, 알맞은 크기와 두께로 만든 아들의 솜씨는 지금도 기억에 남는다. 그 당시는 예사롭게 생각했는데 커서 직업으로 연결되는 것을 보니 어릴 적 소꿉장난처럼 즐겨하는 일에 부모가 관심 있게 볼 일이다.

아들은 결혼하여 아들을 둘이나 두고 있다. 건우와 건희다. 8개월 된 건희는 이유식을 극진하게 준비한 며느리의 사랑으로 다리도 토실하고 몸놀림이 힘차다. 웃으면 입이 커진다. 네 살배기 건우는 빠른 몸동작과 윙크하는 모습에서 할아버지 웃는 모습이 겹친다.

올봄부터 '해님어린이집'에 다니고 있다. 커다란 손수건을 앞치마라고 입고 모자가 없다고 한다. "아빠는 요리사" 하고 외쳐대더니 뭐든지 스스로 하려고 한다. 아침에 샌드위치를 준비하는 할머니 옆에서 포동포동한 손으로 빵을 집고 작은 스푼으로 소꿉장난 하듯 잼을 바르고, 치즈를 얹고, 빵을 덮고 살짝 누른다. 다음에는 '위험'하면서 할머니와 같이 빵칼로 네모, 세모로 자른다.

애기 전용접시에 담고, 사과 한쪽과 우유 한 잔이면 아침식사가 된다. 예쁜 유리컵을 좋아하는 것도 닮았다. 아빠도 닮고, 아빠의 아빠도 닮았다. 그래서 칭찬하기 당번인 할머니는 '네 살에 웬 샌드위치' 하며 즐겁게 웃는다. 손자가 자라서 어른이 되면 네 살 때 같이 만든 샌드위치를 기억할까 지금부터 재미

있어진다.

주말마다 집에 오는 꼬마 멋쟁이가 있다. 머리모양은 일본인형, 옷차림은 이태리패션인 외손자 준영이는 성탄절이 오면 네 살이 된다. 말을 귀엽게 한다. 최근 저절로 배운 말은 '할머니는 할 수 있어요'란다. 음악이 나오면 명상에 잠긴 듯 눈을 조그맣게 하고 두 손을 가볍게 올린 다음 바로 춤이다. 제일 즐거워하는 사람이 외할머니다. 엄마 아빠의 숨은 끼를 물려받았나보다. 음악에 예민한 것은 외할아버지도 닮았다.

그랬다. 우리 가족은 저마다 아빠의 모습을 하나씩 가지고 있다. 그래서 아빠도 귀하고, 아빠를 닮은 자식들도 신기하고 귀하다.

# 할아버지 시계

손자의 피아노 발표회에 갔다. 초등학교 2학년으로 1년도 안 된 초보자로 같은 학원에서 배우는 학생들의 처음 무대출연이다. 꿈동이들이 좁은 장소에 모여 피아노 앞에서 모처럼 시연하는 자리다. 젊은 부모들은 자신의 발표회처럼 흥분감에 싸여 있다.

여자아이들은 연한 분홍빛 드레스, 남자아이들은 흰색셔츠에 타이를, 우리 손자는 푸른 셔츠에 감색 타이로 의젓하다. 순간, 오래전 제 할아버지가 결혼식에 푸른 셔츠에 감색 타이를 했던 모습이 겹친다. 빙그레 웃었다.

오래전 제 할아버지도 아코디언 연주에 열을 올리며 도봉산 어느 산자락 큰 소나무 아래 연습장을 마련하셨다. 시간 내어 연습하고 몸이 아프신 노모에게 흘러간 노래를 들려드리고, 환히 웃으시는 어머니의 미소에 신이 난 연주자는 그 후 더욱 실력을 쌓아 친구들과의 모임에서도 즐겨 연주를 선보였다.

하여, 은근히 좋아했던 마누라는 별호까지 붙여드렸다. '거리의 악사'로. '어부의 아들'로….

저녁 7시가 되니 '베르디 음악학원'의 사회자는 예상보다 많은 관객에 놀라는 눈빛과 행복한 어조로 진행순서를 말한다. 준비된 프로그램에는 19번째로 손자의 순서가 있다. 제목이 '할아버지 시계'였다. 반갑고 놀랐다. 어쩜! 제목이 우리가 원했던 것처럼 정답다. 축하가족이 셋에서 한 사람 더 보탰다. 영상으로 참석한 '거리의 악사'였던 할아버지까지다. 순서를 기다리며 가볍게 사인을 보내는 손자도 오늘따라 의젓하다.

깜찍한 여자아이가 처음 시작했다. 도미송이다. 이어서 하늘나라 동화, 수박파티, 쉘위댄스, 군대행진곡, 에델바이스까지 등장했다. 그중 손자의 연주도 감동이었다. 짧지만 경쾌하고 차분했다. 방학 중에는 피아노학원 차가 오기 전 50분이나 먼저 학원에 간 손자는 잠시 후 실망의 빛으로 집에 왔다. 학원 문이 잠겨있다고. 먼저 가서 빨리, 더 많이 치고 싶은 마음에 미리 걸어간 손자도 역시 '거리의 악사'의 유전자를 받은 것 같다.

아들의 학생 시절이다. 어릴 때 피아노를 배우지 않았는데도 악기회사에서 아르바이트를 했다. 행사시 음악편집을 책임지는 일자리로 초청이 많았다. 농구에도 관심이 많았고, 대학에서는 조리 쪽에 열정을 보였다. 아버지와 체격만 닮은 줄 알았는데 운동과 음악성, 친구교제도 닮았다.

닮은 게 또 있다. 기계에 호기심이 많아 대학생 시절에는 시계방도 차렸다고 했다. 웃는 얼굴에 타고난 손재주까지 있어 한동안 세월이 좋았다고 했다. 교직에 몸담고 있을 때 휴일이면 친구들과 멀리 떠나기, 투망, 아코디언 연주, 또 아주 절친한 친구와는 황학동을 찾아 고물시계수집, 고서, 고화 수집이 취미였다. 그 당시에는 이해가 안 됐지만 당신은 보물을 발견한 듯 즐거운 표정이었다. 간혹 귀엽고 앙증맞은 시계도 있었다. 빨강, 초록 등으로 손안에 들어오는 네모난 탁상시계였다

정확하고 민첩하고 행동파인 남편은 아침에 일어나면 시계를 찾아 손에 찬다. 머릿속에 그날그날 일정이 정확한 시계초침처럼 그려져 있었고 확인하는 성격이다. 그와는 정반대 사람이 옆에 있었다. 한 박자 빠른 남편, 한 박자 느린 아내…. 그래서 어울렸던 사이었을까.

그가 가고 난 빈자리에는 아직 주인 닮은 양복, 타이, 볼펜, 시계, 수집한 그림 등이 있다. 혼자만 보던 족보보따리도 있고

LP음반도 있다. 오랫동안 잠자고 있는 아코디언도 있다. 대접이 소홀했다. 그동안 살기에 바쁘다고 미루었던 '할아버지의 방'이라도 만들어 드려야겠다.

'할아버지 시계'를 피아노로 즐겨 치는 손자의 모습에 흐뭇하게 웃고 있을 '거리의 악사'님이 손자와 함께 아코디언을 연주하는 모습을 그려본다. 이제껏 알지 못했던 동요 '할아버지 시계'의 경쾌하고 차분한 리듬이 그리움을 일군다. 그리움을 부채질한다.

> 길고 커다란 마루 위 시계는
> 우리 할아버지 시계
> 오래 오래 전에
> 할아버지가 태어나던 날 아침에 받은 시계란다.
> 언제나 정답게 흔들어 주던 시계
> 할아버지의 옛날시계.

# 달빛무늬의 손자

둘째 손자인 건희는 끝말잇기하다 잠이 들었다. 눈이 부셔 창밖으로 시선을 보내니 진즉 와서 기다린 듯 환한 달빛이 서 있다. 잠든 녀석도 달빛무늬 이불을 덮고 있다. 커튼대신 유리 창문에 그려진 고전적인 문양이 달빛과 손잡고 무늬를 그렸다. 신기하기도 하고 귀해서 무늬가 사라질까 봐 손으로 만져본다. 순간 무늬가 움직인다. 손자가 꿈을 꾸는 모양이다. 한 쪽 팔을 옆으로 옮겨 달빛무늬를 잡고 있다.

안방에는 빈 벽이 있고 넓은 창이 있어 달빛도 소풍오고 햇빛도 단골고객이다. 안방 빈 벽면에 햇빛이 기울 때면 어둠이 오기 전 생각들이 보란 듯이 서성이고, 영화처럼 소박한 우리 마음을 영상으로 보여주는 여름날 해거름시간이 좋았다. 말없는 친구를 만나는 시간처럼 몇 번 얼굴 보이다가 사라지곤 했다. 폰으로 옮겨본다. 언젠가 작품으로 태어날 햇빛의 조각무늬들이다. 빈 벽이 주는 행복이다. 무언의 힘으로 우리를 반기는 친구들이 있어 슬며시 웃게 한다.

2년 전 일이다. 생활소품들을 구경하던 중 나비들이 춤추는 누비이불을 구입했다. 친구를 만난 듯 반가워 자세히 보니 9개 나비의 날갯짓이다. 연보라, 연녹색, 연분홍, 노랑, 파랑 등의 나비의 몸짓이 각기 다르다. 나비 안에 그려진 문양도 조금씩 다르고 조용하고 화려했다. 당장 사용하려고 펼쳐보았다. 변덕이 왔다. 나비 이불을 덮고 있으면 날아갈 것 같고, 조금 어수선한 듯도 해서 이불장에 넣어두었다. 가끔 쳐다보며 몇 개월이 지난 후 다시 꺼내어 보니 나비가 차분해졌다. 내 마음이 차분해진 것이다. 색과 무늬가 주는 감정의 전달이다. 말하지 않는 무늬라도 기다리는 시간이 필요한 것 같다. 편하게 느껴지기까지.

오래도록 기억에 남아있는 무늬가 있다. 작은 꽃무늬 한복을 즐겨 입으셨던 어머니의 모습이 오래 남아 어느 날 나도 모르게 작은 꽃들이 안개처럼 별처럼 뿌려진 잠옷을 샀다. 가볍고 부드러운 면소재로 넉넉한 품이 부담이 없고 이르게 가신 어머니를 떠올리며 잠옷을 아끼면서 만지곤 했다. 막내딸이 둘째아이 가졌을 때 편하다고 가져가서 입고 다시 가져온 어머니 닮은 연분홍 잠옷이다. 노랑, 하양 작은 꽃무늬 잠옷은 세월을 넘어 행복했던 어머니와의 그 시절을 공유하고 있었다.

좋아하는 것도 세월과 닮아가는 것 같다. 뜨거운 태양이, 줄기찬 소낙비가, 크게 소리내는 파도의 몸짓이 좋아보였는데 이제는 조용한 달빛이, 해거름 해님의 작별인사가 친구처럼 여겨지고 가끔은 어린이 창작극을 보는 것처럼 수선스런 손자들의 몸짓들이 힘을 나게 하는 지금의 세월이 반갑다.

달빛무늬 손자가 어느 날 말한다.

"해님이 부끄러운가 봐요."

창밖의 주황색 해님이 얼굴을 조금 보이다가 사라진 모습을 보고 시인처럼 말한다. 아이들 마음에 비친 세계는 무지개동산 같다. 어린 손자들의 노는 모습이 살아가는 힘이 된다. 형제끼리 전쟁놀이, 병원놀이, 그림그리기, 예쁜 말로 할머니에게 웃음도 선물하는 '달빛무늬 손자'의 순진한 미소가 살아가는 이유도 된다. 달님에게 감사할 일인지, 함께 사는 복을 누리는 나는 행복하다. 잠든 녀석의 이불 위에, 무늬 위에 조용히 손을 얹어본다.

# 동백이야기

내가 좋아하는 11월이다. 핸드폰을 켠다. 바탕화면에 붉은 동백 한 송이가 따뜻하게 피어있다. 늦가을과 초겨울 사이는 지나치기 쉬운 계절이다. 올 11월은 예년과 달리 따뜻한 날씨가 계속되었다. 어느 날은 봄날 같은 기분이 들기도 했다.

가깝게 지내는 교회친구 몇 사람과 점심을 먹기로 약속한 날 아침이다. 갑자기 추워졌다. 영하 7도에 체감온도는 10도가 넘어간다. 베란다 쪽을 향하다가 깜짝 놀랐다. 우리 집 대장나무인 동백이 어느 사이 꽃망울에서 붉은빛이 조금 보였다. 나도 모르게 손뼉을 치고 반겼다. 멀리 떠난 임이 오신 듯 안도의 한숨이 저절로 얼굴에 번진다. 자세히 보니 꽃망울이 여섯인데 그중 한 개가 벌써 붉은빛의 얼굴을 내밀었다.

기분 좋은 아침이다. 약속장소에 가서 소박한 버섯칼국수와 통만두를 먹고 정답게 이야기를 나누었다. 모두 6학년이다. 신앙심이 깊고 삶의 연륜이 얼굴에 저절로 나타나는 따뜻한 이웃이다. 최근 몸이 약해진 송여사님이 모처럼 환해진 얼굴로 2차는 김여사님 댁으로 가잔다. 고운 피부에 활달한 김여사님은 손녀 둘을 예쁘게 키우시고 교회에서 유치반을 위해 봉사하고 있는 의젓하고, 다정한 막내아들 부부와 살고 계신다. 고향에서 가져온 단감과 귤을 먹으면서 오랜만에 여유롭게 담소를 나누다가 헤어졌다. 넓은 집에 정성들여 가꾼 장미화분이 눈길을 끌었다.

집에 와서 예쁜 얼굴을 보인 동백꽃을 다시 살피니 보이지 않을 만큼 진행한다. 날씨가 추울 때까지 기다렸다 활동을 시작한 동백이 의젓하고 정답다. 칠년 전 단독에서 아파트로 이사 올 때는 내심 걱정을 했는데 동백은 해마다 겨울이면 몇 송이 붉은빛으로 우리를 기쁘게 했다. 동지 전 시어머님 제사에도 꼭 참석하려는 듯 꽃을 피우고, 늦으면 1월초 큰딸 생일이 돌아오면 꽃다발을 보내는, 먼저 하늘나라에 간 남편의 전령 같다.

3년 전에는 꽃이 여덟 송이나 피었다. 세 자녀가 결혼을 하고 첫손자가 태어난 예순 번째 특별한 생일기념으로 조촐한 파티도 하고 가족 촬영을 하면서 연극무대에 서는 것처럼 부산하고 얼마나 즐거워했는지 모른다.

이번 생일에도 멀리 있는 큰딸가족과 이벤트담당 막내딸가족, 넉넉한 미소의 주인공 아들내외와 미소천사 손자 셋이 모여 즐겁게 식사를 하는데 '나도 얼굴 좀 보자' 하면서 그동안 손자들과 잘 지내냐며 동백꽃이 참석을 했다. 새집에 이사 와서 직장 다니고, 아이들이 결혼하고, 학교밖에 모르는 아내는 학생지도에 열심을 내고 건강하게 40년 가까운 교직을 정년퇴임할 수 있도록 도와준 우리 집의 수호신인 동백나무다.

동백꽃의 생일선물로 시작한 이번 생일은 특별하다. 11월이 가기 전 마지막주말에 막내가족과 함께 속초엘 갔다. 케이크가 준비되고 푸짐한 과일과 축하송이 있고 깜찍한 외손자의 재롱이 한몫했다. 다음날 동해안 양양에 있는 종합레저타운인 솔비치호텔에 갔다. 유명 연예인이 결혼한 장소로 더욱 이름이 알려졌다. 겨울에 바다를 보면서 뜨거운 물속에서 놀다니. 젊은 가족, 친구들, 보기 좋은 모습이다. 나름대로 특징 있는 수영복에 모자를 쓰고 노천 수영장에서 쪽빛바다에 하얗게 부서지는 파도, 흰 구름, 바위 등 외국이 아닌 동해안의 화려한 휴양지에서 생일을 맞다니! 드라마가 따로 없다. 멋진 프로그램은 막내딸과 사위의 발상이다.

저녁에는 큰딸부부와 함께 유명한 막국수집을 찾아 보쌈과 확독 동치미로 맛있게 먹었다. 일찍 어두워진 겨울에 맛집 찾아 인적이 드문 동네를 기웃기웃하며 찾느라 고생한 일도 영화의 한 장면 같았다. 다행히 실망시키지 않고 맛이 깔끔했다. 넉넉한 걸 좋아하는 막내는 값에 비해 양이 적다고 한 소리했다. 그러나 돌아오는 길은 즐거웠다.

다음날 아침에는 호텔 베란다에서 외손자 준영이와 신나게 놀면서 춤을 추었다. 파란 하늘, 구름 파도를 보면서 2박 3일 동안 강원도 속초, 양양으로 다녀온 미니여행은 즐겁고 신이 났다. 11월에 일찍 핀 동백꽃의 선물 같다.

집에 와서 손자에게 동백꽃을 보여주었더니 호기심이 많아 금방 만진다. 약간 시들었지만 색이 고운 동백이 한 번에 고개를 숙인다. 행동 빠른 손자는 스티커를 가져온다. "할머니, 이것으로 붙여요." 한다. 별스티커였다. "그래 너는 시인이다!" 별로 꽃을 붙이다니.

꼬마시인 손자 건우는 외출하고 집에 올 때 어두우면 제일 먼저 하늘을 본다. "할머니, 비행기가 지나가요". 저녁에 거실에 누워 어두운 창밖을 볼 때면 "할머니 달이 왔어요!" 한다. 그때도 나는 "건우는 시인이구나." 하고 말해준다.

동백꽃 한 송이로 모처럼 마음이 환해진 11월이었다.

# 꽃비를 맞으며

오늘은 화려한 날이었다. 목련이 예년보다 빨리 지고 진달래가 환하게 우리를 반기는 4월의 봄이다. 가까운 산에라도 가보려고 등산준비를 했다. 보기와 달리 즉흥체질이라 배낭에 책 2권 넣고 장갑, 모자 등 기본차림으로 집을 나섰다.

약속한 것처럼 관악산 가는 버스를 타고 20분쯤 지나 내렸다. 입구 주위가 온통 벚꽃으로 둘러 싸였다. 등산복 차림의 남녀노소의 물결이 가볍고 약간 들뜬 것 같이 보이는 것은 연분홍 벚꽃 책임이다. 지난번 마당바위 가는 길과는 다른 곳으로 갔다. 아직 개나리가 남아있고 산에 핀 진달래는 싱싱하고 수줍음이 있었다.

장미원 쪽으로 발길을 옮기니 주위를 산책하는 젊은 엄마와 아이들, 나이가 있으신 어른들이 느릿느릿한 걸음으로 봄을 감상하고 있었다. 조금 걸으니 호수가 있고, 춘향전 배경으로나 어울릴 고전적인 모습의 건축물이 있어 재미있었다. 집 가까이에 이런 호수공원이 있는 줄 몰랐다.

때마침 바람에 실려 꽃잎이 흩날리고 있었다. 탁자가 있는 나무의자에 앉았다. 얼굴 위로, 탁자에 비처럼 뿌리고 있다. 가벼운 흥분까지 일었다. 연극을 하고 있는 것 같았다. 살아오면서 이렇게 많은 꽃비를 맞은 4월의 봄은 처음이다. 그것도 결혼기념일이 있는 4월에.

그때 마침 전화가 왔다. 교회에서 말없이 통하는 단정한 L여사가 혼자 산에 가는 법이 어디 있냐고. 금방 찾아간다고 기다리란다. 오늘은 산에 오르는 것보다 낮은 곳에서 꽃과 나무들을 기웃거리고 싶었는데 타이밍이 맞았다.

1시간쯤 지나 감정이 풍부한 송 여사님과 L 여사가 왔다. 멥쌀이 섞인 포근포근한 시루떡과 음료까지 사들고. 정답게 웃고 떠들고 하는데 한차례 꽃비가 또 뿌리고 지나간다. 어릴 적 기억으로 화동이 꽃바구니에서 작은 색종이를 꽃처럼 뿌리고 신랑신부의 입장을 준비하는 모습이 떠올랐다. 오늘은 벚꽃에 취한 날이다.

L여사는 해마다 4월이면 벚꽃구경으로 몇 차례 관악산에 온다고 했다. 물가에 있는 벚나무가 비스듬히 가지를 내리고 있어 더욱 멋있게 보였다. 멀리 산 위에 있는 벚꽃은 대궐집이 모인 것 같이 보였다. 아름다움은 멀리 있을 때 더욱 빛을 발하는 것 같다.

집에 오는 길에 화원에 들렀다. 분홍장미 화분을 하나씩 사고 즐거워했다. 오늘 잔치는 자못 의미가 있었다. 꽃이 있고, 떡이 있고, 단정한 친구와 꽃놀이까지 했으니. 더구나 꽃비를 맞으며 먼저 떠난 그이를 여기 관악산에서 만날 수도 있었으니….

# 밀려난 복조리

오늘은 월요일, 아들이 쉬는 날이다. 종합쇼핑타운에서 요식업을 하고 있다. 음악편집에 관심이 있고 운동을 좋아했던 말이 적은 아이었다. 생각 밖이었던 호텔조리학을 전공하더니 졸업 후 바로 취업을 했다. 안정된 이태리 음식가게에서 몇 년 종사하다가 분점을 맡게 되었다. 음식 및 경영까지 참여하니 바쁘고 힘들어 보였으나 나름대로 즐겁게 일하는 아들을 보고 대견했다. 미소 띤 얼굴에 단정한 조리사의 캡을 쓰고 일하는 모습이 건강해보였다.

개구쟁이 4살, 6살 손자가 있다. 친구처럼 함께 놀아주는 아빠를 무척 좋아한다. 쉬는 날 저녁이면 가족끼리 대형마트에 가서 기다렸던 쇼핑도 하곤 한다. 오늘은 특별한 가족을 데리고 왔다. 50×60센티 크기의 수족관을 가져왔다. 열대어 10마리와 함께. 손자들은 축제다. 인공물이기는 하나 풀과 조개, 굴, 불가사리 등 그 사이를 헤엄치는 열대어를 보고 신기해서 그 앞을 떠나지 않는다.

문제는 수족관을 놓으려고 그 자리에 있던 백자항아리를 옮겼다. 10년 전 이사 올 때 거실 중앙에 있다가 새 컴퓨터에 밀려 주방 쪽으로 옮기고, 이번에는 안방으로 밀려왔다. 처음에는 방에 어울리지 않은 것 같았다. 더군다나 새것을 좋아하는 철없는 아들은 백자항아리를 대수롭지 않게 생각했다.

그러나 다행인 것은 오래된 사각탁자 위에 놓으니 안정감이 있다. 처음부터 도자기와 함께 있었던 탁자이다. 오래된 물건은 나름대로 정이 있고 가정의 역사를 말해주기도 한다. 아이들은 수족관 앞에, 나는 옛 백자 항아리를 물끄러미 보고 있다. 오래전 우리 집에 처음 가져올 때를 떠올렸다.

남편은 대가족에 안성맞춤 장남이었다. 분가한 동생들, 멀리 있는 사촌까지 살피는 고향의 대표상담자였다. 친구가 많고 취미도 다양했다. 여행을 즐기고 천렵, 화분 가꾸기, 아코디언 연주 등으로 항상 분주하고 활력이 넘쳤다.

어느 해 가을, 마음이 맞는 친구 여행팀이 경기도 이천 가서 마음먹고 작품을 사온 것이다. 높이 넓이가 각기 50센티 정도인 백자는 동적인 줄만 알았던 남편의 속마음을 표현한 듯 넉넉하고 담백한 마음이 보이는 달빛항아리를 가져왔다. 그 당시는 생활에만 바쁜 나머지 모처럼 가져온 백자도 귀중하게 안 보이고, 값을 많이 준 것 같다는 생각뿐이었다.

그러나 이번에는 달랐다. 10년 넘게 말없이 우리 곁에 있어준 백자항아리는 가족 같았다. 더욱 놀란 것은 오랜만에 그 안을 들여다보니 복조리와 시계, 조롱박에 그린 소박한 텃새 두 마리는 나에게 특별했다. 이 집에 이사 와서 좋은 일을 가져온 숨은 주역 같다는 생각을 했다.

복조리는 설날아침 한 해의 복을 담으라고 어둔 새벽에 '복조~리 사~려'라고 외치던 아련한 추억이 떠오른다. 크고 작은 복조리를 샀던 기억이 있다. 옛날에는 밥 지을 때 조리로 돌을 고르기도 했다. 살림초보생일 때는 물의 흐름과 조리질 템포가 맞지 않을 때도 있었다. 신기하게 돌은 까다로운 사람 밥에 들어가 당황하기도 했다. 요즘은 돌 고른 쌀을 팔고 있고 씻은 쌀까지 나온 편리한 세상이 되어있다.

요즘 자라는 아이들은 특별 체험교실에나 가야 조리, 체, 절구, 떡메 등을 볼 수 있다. 2~30년 사이에 생활이 바뀌고 사고방식, 외모, 선호하는 직업의 변화 등으로 농경시대의 살림에 쓰이던 기구들은 오래된 과거가 되었다. 농업박물관에 가야 구경하게 되었다.

수족관에 들떠있는 아이들이 잠잠해질 무렵, 우리 가족 앨범을 보여주고 곁들여 할아버지와 할머니의 마음이 담긴 달빛항아리와 복조리를 이야기 해야겠다. 우선 도자기를 스케치하고 색도 칠하고 복조리도 보여주고 만져보게 해야지.

손자들은 함께 그린 그림책을 가지고 놀며 가족의 이름도 불러볼 것이다. 요리사아빠, 그림 잘 그리는 고모, 색칠을 도와주는 엄마, 사촌 준영이 하며 가족의 정을 느낄 수 있겠지.

먼 훗날 달빛항아리와 복조리가 있는 그림책을 보면서 할아버지와 할머니, 고모, 아빠, 엄마를 떠올리는 우리 가족의 모습이 그려진다.

# 깍두기를 담글까, 국을 끓일까

고향에서 전화가 왔다. 태릉 당고모다. 가을걷이가 끝나고 못난 고구마를 보낸다고 하시면서 안부를 물으신다. 내년이면 팔순인데 음성은 30년 전 그대로 카랑카랑하시다. 남쪽 고향으로 가시기 전 서울 태릉에서 30년 넘게 친형제처럼 가깝게 지내던 사이다. 7남매를 둔 다복하신 분으로 주위에서 부러워하는 가정이었다.

기억에 남는 것은 서울에서 고향 향우회를 처음 만들 때다. 초기 총무를 맡아 고향 분 12가정을 집으로 초대하여 고추장 맛이 잘 어우러진 홍어회를 맛깔스럽게 준비하셨던 일이다. 1년에 봄, 가을 2차례 모임을 갖고 남이섬, 민속촌, 자연농원 등을 다니며 고향의 정을 깊게 쌓았던 시절이었다.

더욱 고맙게 느낀 것은 10여 년 전, 나의 시어머님이 많이 편찮으실 때 집에 오셔서 거동이 불편한 시어머니와 친구같이 지내며 젊은 시절 이야기를 해주시며 우리 가족을 도와 주셨던 분이다.

저녁에 택배가 왔다. 사과상자 크기로 겉포장에 '감'이라고 적혀있었다. 열어보니 싱싱한 무청 4다발이 있고, 그 밑에 감이 있고, 가장자리에 자그마한 무가 5개 있었다. 가슴이 두근거렸다. 연세도 많고 허리까지 굽으셔서 힘든 분이 이렇게 많은 정을 보내시다니. 상자 맨 밑에는 크고 작은 울퉁불퉁한 고구마도 많았다. 흠 있는 감도 더욱 정다웠다. 토란만한 고구마도 있었다. 이 많은 고구마를 어떻게 캐셨을까?

순간 푸른 무청을 보니 먼저 길 떠난 아이들 아빠가 생각이 났다. 우거지 된장국을 유난히 좋아 했었다. 김장철에 푸른 무청을 다발로 묶은 것과 소금물에 담갔던 우거지를 푹푹 삶아 물에 불린 후, 된장을 풀고 담백하게 끓인 국을 후후 불면서 맛있게 먹던 모습이 떠올랐다.

그 옆에 못생긴 감들을 보니 태릉 당고모부님이 가시던 때가 생각났다. 7년 전 10월 하순, 부음을 듣고 고향으로 달려가니 꽃처럼 감이 주렁주렁 매달려 있는 모습이 인상적이었다. 마음이 따뜻했다. 일곱 자녀를 분가시키고 노부부는 자그마한 집을 짓고 비둘기처럼 사시더니 당고모부님이 가시고 당고모는 고향에서 밭농사를 소일삼아 하시며 집을 지키고 계셨다.

못생긴 자잘한 고구마를 보니 또 옛날 생각이 나서 혼자 웃는다. 그 옛날 첫아이를 가졌을 때 단것이 당겨서 시골에서 올라온 물고구마를 한 솥 삶아 뜨거울 때 온가족이 맛있게 먹었다. 하나 더, 하나 더 하면서 먹게 된 고구마로 탈이 나서 식구들이 잠든 후 다 토해버렸다. 그땐 왜 그렇게 못생긴 고구마까지도 당겼는지.

그동안 단조로웠던 아파트 다용도실이 오랜만에 단풍철을 맞은 듯 울긋불긋한 모습이다. 풍성했다. 흠이 있는 감 한 바구니, 무 몇 알, 자잘한 고구마가 넉넉하고, 무엇보다 푸른 무청다발이 통통하고 길이는 네 뼘이나 된다. 푸른 잎을 넣고 깍두기를 담글까, 삶아서 국을 끓일까, 갑자기 젊은 시절로 돌아가는 기분이다. 고향에서 온 선물, 그 덕이다.

# 꿈을 파는 가게

오늘은 아파트 벼룩시장이 열리는 날이다. 폭염으로  중요한 일이 아니면 집에서 지낸다. 8월인데도 오늘이 기다려졌다. 아침 9시 30분부터 2시간 정도 벼룩시장에서 좌판에 잡다한 물건을 놓고 새로운 손님을 기다려야 하기 때문이다.

며칠 전에 옷 정리 하다 몇 개 밀쳐두었지만 오늘은 물건이 없다. 생각 끝에 내가 아끼던 연필 한 타스도 꺼냈다. 멋진 스티커도 세 장 꺼내고, 아직도 충동구매에 빠져 어제 산 핑크색 목걸이도 다시 꺼냈다. 그리고 몇 차례 외출 나갔던 연두색 와이어 반지와 인도산 원석이 박혀있는 이미지반지도. 점이 뿌려진 명함지갑 등 만물상처럼 준비한다.

신나는 아파트 벼룩시장- 삼각형 체크 스카프도 몇 차례 나온다. 지난번 덩치가 있는 초등학교 남학생이 좋아했던 구슬을 한 묶음 준비한다. 치약, 비누, 린스, 샤워 젤까지 준비한다. 초록표지의 얇은 책도 몇 권 가져왔다. 단골고객에게 줄 선물인 셈이다. 이틀 전 외출하려고 버스를 기다리는데 오래전 벼룩시장 고객인 하얀 머리 화끈한 할머니께서 "작가선생님 벼룩시장에서 만나요" 하며 인사를 건넸다. 겨울시장에서 앙고라스웨터를 팔면서 영리한 얼굴과 화려한 목소리로 기억하고 있는 분이다. 오늘 만나면 "이 책 보세요. 좋은 내용 많아요."용이다.

오늘은 너무 더워 나이 많은 분들은 못나오셨다. 멀리 보이는 곳 비싸지 않은 새 옷을 가져온 젊은 S라인 언니에게만 손님이 많다. 어려운 요즘이고 보니 어렵게 옷이 팔렸다. 염색할 때 입을 수 있는 진한 색 티셔츠다. 1000원부터 시작이다. 가져온 물건이 색다른 게 없고 알뜰시장에 나온 왕알뜰언니들은 흘깃흘깃 보면서 500원짜리만 찾는다.

물건은 원하는 대로 판다. 비누 500원, 반지 500원, 실은 오래전 3000원 5000원짜리다. 그동안 예쁜 모습을 오래 보았으니 이제 새 주인에게 넘긴다. 냉커피 한 잔 먹고 옆자리를 보니 젊은 가게주인은 선글라스를 꼈다. 오른쪽에는 귀여운 얼굴에 안경 쓴 젊은 아빠와 초등생 어린 딸이다. 경제교육에 소풍까지 겸한 듯 모습이 정답다. 곰인형과 예쁜 의자, 장갑 등을 펼쳐놓고 손님을 기다린다. 돗자리 중앙에서 빨간 의자를 꼭 붙잡고 있는 어린이는 아직 물건 팔 생각이 없다. 공원에 소풍 나온 얼굴이다.

이번에는 눈썰미있는 아주머니가 방문했다. 샤프펜을 집어 들고 값을 묻는다. 원하는 대로 주고 선전용 펜도 가져갔다. 자신도 젊을 때 문방구주인이었다고 한다. 며느리 준다고 옆에 있는 새 옷을 고른다. 회색과 남색 두 가지색이 섞인 젊은 옷이다. 구색용으로 가져왔는데 영리한 구매자를 만난 것이다. 쉽게 사고 또 팔고, 옷을 좋아하는 것인지 장사를 좋아하는 것인지 나도 모를 때가있다. 둘 다 좋아하는 것 같다.

벼룩시장에 나가 앉아있으면 어린 시절 서커스구경이 생각난다. 가마니 깔고 높은 천막 속에서 많은 사람이 모여 새로 전개될 구경거리를 기다리는 동안 설레는 풍경, 각종 묘기가 끝난 후 연극을 할 때도 숨을 죽이며 관람 했던 일, 시작하기 전 트럼펫을 불며 구경꾼을 모으는 소리 등이 아련히 떠오른다. 서커스의 추억이다.

오늘 열린 벼룩시장도 어쩌면 한판 서커스 출연이 아닌지. 살아가는 우리의 모습도 영화 필름의 어느 한 부분처럼 느껴지는 오늘이다. 해서 벼룩시장은 꿈을 파는 가게다.

# 어부의 아들

주말이면 어김없이 친구들과 만남을 주선하는 아이들 아빠였다. 이번 주말은 뜻밖에 함께 떠나자고 했다. 오래전 포천여고에서 같이 근무했던 K선생과 부군, 막내아들 찬이랑 다섯 사람이 강원도 화천부근으로 바람을 쐬러 떠났다.

도시의 공해로 지친 머리를 식힐 겸 물가를 찾는 우리들, 그 중 어부의 아들을 자처하는 아이들 아빠가 신바람이 났다. 포천을 지나자 자주 와본 듯한 물가에 차를 세웠다. 무거운 납이 주렁주렁 달린 노란빛 검은빛 긴 그물을 가벼운 조끼 입듯 쉽게 왼쪽 어깨에 걸친다.

구멍이 벌집처럼 뚫린 밤색 고무신을 신고 크고 작은 돌멩이가 많은 냇가를 겁도 없이 뛰어다니면서, 허공에 그물을 던지면 얇은 둥근 원을 그리면서 나비처럼 물 위에 퍼지는 그물과 그물박사, 더 재미있는 풍경은 주인공이 현실감 있게 뒤로 넘어지는 때이다.

냇가에 서면 여름소년이 되는지 금방 일어나 긴 그물을 순식간에 걷어 들이고 모으고 옆에 비닐 통을 든 친구는 바쁘게 고기를 찾아 담는다. 또 그물을 어깨에 걸치고 마술사처럼 공중에 휘익 던졌다가 재빨리 걷어 들이는 모습. 오랜만에 좋은 사진을 마음속에 박았다. 시야에 비친 신기한 그물놀이, 그것은 정말 자연의 모습이다. 젖은 옷도 아랑곳하지 않고 즐거운 얼굴로 다시 여행길에 올랐다.

서울에서 멀어질수록 창밖의 공기는 달랐다. 강원도 화천 달거리에 도착하니 주위가 깜깜했다. 모처럼 어른만 여행을 왔다. 자동차의 전조등을 밝히고 저녁을 준비했다. 번개탄에 고기를 굽고 밥도 하고 찌개도 끓이고 고기 익는 냄새와 함께 옹기종기 모여서 먹고 한 잔하니 분위기가 무르익었다.

아이들 아빠는 기분 좋을 때 나오는 특유의 음성, 몸짓으로 아코디언을 연주하는 거리의 악사가 된다. 물론 대중가요지만 별이 쏟아지는 여름밤에 구수한 찌개와 흘러간 노래는 너무 좋았다. 오랜만에 고기도 한 점 입에 넣어주고 맑은 물소리, 풀

벌레소리, 차가운 산속 공기로 우리는 한여름 밤의 꿈을 꾸는 듯했다.

정해진 집에서도 좋지만 멀리 가출하고 보니 자연의 마음이 된다. 아이들 생각이 났다. 다음에는 가족이 다 와서 건강하게 웃는 아이들을 보면서 지내야겠다고 생각했다. 오랜만에 많은 별을 보고 있으려니 경기여고 재직 시 단양으로 여행갈 때 가끔 별을 보면 눈이 깨끗해진다고 말하던 C선생도 생각났다.

조립식 주택에 다섯 명의 여행객이 군인처럼 줄맞추어 반듯이 누웠다. 조금 있으니 코고는 소리가 나고 작은 숨소리가 들리더니 잠이 들었다. 꿈에 식구들을 만났다. 눈을 뜨니 새벽이다. 6시가 지나 7시쯤 밖에 나와 세수하고 쌀 씻어 놓고 숙소에서 조금 떨어진 냇가로 갔다.

아침에는 투망으로 잡은 피리와 조금 큰 물고기를 손질해서 먹기도 했다. 자연과 더불어 아주 소박하게 먹고 또 먹고, 이것보다 더 큰 즐거움이 있겠는가? 아이들 아빠도 최근에 배운 아코디언을 연주하고 마냥 즐거운 표정이다. 욕심을 버리고 어부의 아들로, 거리의 악사로, 여행회장으로 분주한 날을 보내니 전에는 가족과 같이 있는 시간이 적다고 불평을 했는데 오늘은 피부가 반짝이고 모습이 더 젊어진 것 같다.

나도 오랜만에 맑은 공기를 흠뻑 마시니 마치 고향에 다녀온 듯하고 일행들도 생기가 돌았다. 1박 2일 동안 계곡에서, 숲속에서 우리를 즐겁게 한 아이들 아빠는 진정 어부의 아들이었다.

# 4.

# 장호항에서

# 장호항에서

휴일이다. 연일 30도가 계속되고 매미는 울고 해서 우리 가족도 떠나기로 했다. 아침에 배낭에 옷가지 챙기고 서해, 동해 의논하다 동해 장호항으로 정하고 떠났다. 듬직한 아들, 며느리와 귀여운 손자들과 함께 떠나는 '카니발축제'다. 차이름이 카니발이고 차 안에서 이루어지는 손자들의 귀여운 몸짓이 축제다.

피서철 피크 주라서 도로에 차가 약간 밀리고 휴게소에서 내리는 여행객의 복장은 화려했다. 기본이 반바지 차림이다. 달라진 점은 슬리퍼가 화려하고 특히 젊은 여자아이들은 포도송이가 달린 듯한 최근 유행하는 슬리퍼가 눈에 띈다. 운동화의

컬러도 연두, 주황이 대세고 차들도 세련됐다. 휴게소에서 파는 음식도 표준화되고 특히 화장실문화가 달라졌다. 해외여행에서 까다롭게 동전 받고 물건을 사야하는 등의 불편이 떠올라 우리나라의 달라진 문화의식이 피부에 느껴졌다. 세련된 커피집도 등장해서 휴게소 풍경도 달리 보였다.

차안에서 과자뭉치를 뜯어 한 봉지씩 먹기 시작하고, 아이들이 좋아하는 만화영화도 감상하고, 빠지지 않는 놀이 끝말잇기도 한다.

강릉을 지나 삼척 장지호 부근에 왔다. 한국의 나폴리라는 말이 무색하지 않다. 푸른 바다, 계속 보고 싶은 마알간 바위들이 병풍처럼 둘러있고 제주도가 연상되는 풍경들이었다. 위쪽으로는 어촌 체험, 생태 체험, 인공암벽등반, 평형잡기 공원 등으로 도시가족과 어린 학생들의 호기심을 자극하기에 충분했다.

주차공간이 없어 주위를 2~3번 돌다가 세은정사라는 절마당 공간에 주차를 했다. 전면이 바다이고 모래벌판이 가까운 곳이었다. 마당 한 쪽에 커다란 백구와 새끼백구가 있었다. 덩치가 커서 무서웠으나 튼튼한 줄과 개집이 있어 마음이 놓였다.

멀리 등대가 있고, 오른쪽에 야트막한 산이 있어 상가 건물들이 들어선 어촌이다. 유망한 관광지 가까이에 있는 한적한 바닷가인 셈이다. 분홍 옷을 입은 어린애들과 젊은 엄마 아빠가 있고, 친구끼리, 가족끼리 휴가 온 캠핑가족이 붐비지 않을 정도로 정겹다.

나도 손자들과 모래사장에서 놀았다. 조개도 줍고 두꺼비집도 만들며. 말이 적고 착한 며느리는 등받이 의자와 파라솔을 챙겨왔다. 사진도 찍어주고, 아들과 며느리는 우리가 쉴 집을 짓고 있었다. 조금 있다 뒤돌아보니 새집모양의 창문까지 달린 2층집이 보였다. 차 위에 반쯤 걸쳐 설치하는 새로운 형태의 텐트다.

행동 빠른 아들은 서둘러 새로 구입한 카약을 가지고 내려왔다. 길이는 4미터이고 노를 사용하는 보트이다. 오리 물갈퀴같은 날개가 양쪽에 달린 노가 2개다. 카약에 며느리와 함께 나와 큰손자와 셋이서 타고 며느리가 노를 저었다. 구명조끼를 입어서인지 이번에는 겁이 안 났다. 집에서 상상만 할 때는 겁이 나고 아이들이 걱정되었는데 함께 있으니 조금 안심이 되었나 보다. 바다 위를 미끄러지듯 다니다 물속이 맑아 바닥이 보였다. 그림처럼 즐거운 한때다.

우리가 내리고 용감한 아들은 손자 둘을 태우고 멀리 등대있는 데까지 노를 저으며 바다 위를 달린다. 환하게 웃는 아들과 만족스런 얼굴로 사진을 찍어주는 며느리와 함께 행복한 피서 첫날을 보내고 있었다.

빠른 저녁시간, 준비한 곰탕에 밥을 먹고 삼겹살도 굽고 햄도 굽고 요리주방담당은 의젓한 아들이고 이것저것 식탁준비는 며느리다. 즐겁게 사는 것은 준비하는 과정에도 있다. 또한 가족이 함께하는 여행에도 있음을 절감한다.

어두워지는 바닷가에서 야외등을 켜고 저녁을 먹으며 서로 쳐다보며 웃는 시간, 새삼 가족의 소중함 느낀다. 이 순간의 즐거움을 위해 아들은 주말이면 캠핑준비를 한다. 일 주일 간의 일에서 벗어나 새로움을 충전하려고 많은 장비를 준비하면서 "주말마다 떠나는 것이 아빠를 닮았어요" 한다.

행복한 시간임에도 기분 좋은 졸음이 밀려왔다. 오늘은 아들이 야전 침대에서 잔다고 했다. 젊은 부부답게 긴긴 얘기로 시간을 즐겁게 보내고 있는 것 같다. 차 위에 반쯤 차지하는 이층집에 아이들과 먼저 올라갔다. 옛날 어릴 적 모기장처럼 망사창이 양쪽에 있어 바람이 잘 통했다. 누워서 바다 쪽을 향하고 잠에 빠졌다.

꿈속에서도 1박 2일 여행을 갔다. 강원도 화천부근에서 투망하면서 잡은 피라미로 매운탕도 끓이고 튀김도 했던 나의 젊은 시절이었다. 친구부부와 함께한 여행도 즐거웠다. 저녁시간에는 흘러간 노래로 아코디언 연주다. 아낙들은 커피를 준비하고 도심에서 힘들었던 공기를 청정지역의 공기로 바꾸려는 듯 욕심 없이 웃고 떠들면서 우정을 나누었다. 나비모양으로 펼쳐지는 투망의 변신이 오래오래 기억에 남는 명장면이다.

꿈을 깨고 나니 새벽이 오고 있었다. 하늘 저편에 붉은 기운이 돌고 해가 얼굴을 내밀려고 한다. 파도는 잔잔하게 새아침을 맞는다. 2일째다. 즐겁게 사는 법을 몸으로 체험하는 동해안 여행이다. 가족 여행이다.

# 향우회 가는 날

오늘은 향우회가 있는 날이다. 대공원에 모인 고향 분들은 반가움으로 그 모습이 단풍을 닮았다. 1년에 두 번 봄, 가을에 모여 그간의 소식과 집안의 대소사, 또는 서로간의 건강 등을 물으며 정을 나누다 보면 고향에서의 생활이 애틋함으로 다가와 우리들의 교제는 더욱 돈독해진다.

전남 보성군 B읍에서 젊은 시절을 보내던 사람들이다. 32년 전 6월에 열두 집이 모이기 시작했는데, 지금은 30가족이 넘게 모여, 봄에는 서울근교로 나들이를 하고 가을에는 고궁, 박물관, 공원 등을 관람하며 친목을 다진다.

모임의 살림을 맡고 계신 총무님은 얼굴은 아직 차분한 젊은

이 같은데 벌써 귀밑머리 속에 흰색이 보인다. 가까이서 반가움을 표현하고 "옛날에 대학생이었는데" 하면서 크게 웃었다. 큰아이가 벌써 대학에 갔다고 했다. 향우회 초창기 때 어머니를 모시고 왔던 착실한 청년이 이제 애들 아빠 모습이 되었다. 오랜만에 뵙는 얼굴이 많아 저절로 옛 시절의 여러 가지 생각이 두서없이 떠오른다.

향우회 가는 날이면 시어머님은 소풍 전날 학생의 모습이 되곤 했었다. 음식 준비하랴, 입고가실 의복 준비하랴 서두르는 와중에도 마음이 설레어 축제가 따로 없다. 향우회 전성기 시절, 아이들 아빠가 총무를 맡고 민속촌으로 출발할 때이다. 구성진 음성으로 사회를 보던 아들의 시원스런 모습에 조용하신 어머님이 드디어 자리에서 일어나 춤을 추신 것이다. 손자손녀의 고사리 박수를 받으시고 고향의 어르신 얼굴마다 환한 웃음꽃이 피었다.

초창기 모임 때는 도시락을 각자 준비하여 각 가정의 특기요리가 선보이는 날이기도 했다. 수원에서 사시는 듬직한 최씨댁은 증편을 직접 만들어 오시고, 용인에서 밭농사를 크게 하시는 문씨 댁은 태양초 고춧가루를 여러 봉지 준비하여 선을 보이시고, 우리 집에서는 꼬막무침과 꽃게무침, 낙지회를 주로 준비했다.

전남 고흥, 벌교에서 생산된 참꼬막을 깨끗이 씻은 다음 끓는 물에 넣고 한쪽 방향으로 저어 삶는 물이 조금 지저분하게 되면 불을 끄고 찬물에 한 번 표면을 헹군 후 꼬막을 까서 양념장으로 무친다. 제사 때는 양념하지 않고 먹는 맛이 일품이다. 싱싱한 낙지를 사서 당일 아침 살짝 데치고 양념장을 준비하여 파랗게 데친 미나리와 무친다. 시어머님의 솜씨가 나타나는 날이다. 어머님이 기다리시는 날이기도 하다.

또 생각나는 것은 Y시에서 양계장 하시는 분이 닭찜을 푸짐하게 해 오신 일이다. 지금도 담백한 그 맛이 혀끝에 남아 있을 정도로 일품이었다. 오이지와 깻잎절임을 알뜰하게 준비하셨던 홍제동의 최씨 누님…. 모두 넉넉하게 준비한 음식을 서로 나누며 옛정을 즐겼다.

그러다가 몇 해 전부터는 도시락을 준비하지 않고 주변음식점에 예약을 하고 편하게 점심을 먹는다. 당연히 소박하지만 정이 담긴 음식을 나누는 정겨움은 사라져 버렸다. 며느리 시절엔 그렇게도 바라던 일이었는데 다시금 옛날이 그리워지는 것은 웬 조화인지, 자녀들이 분가하고 초창기 회원님의 참석이 줄어들자 새삼 따스했던 옛정이 그리워진다.

다음 모임에는 손자를 데리고 와야겠다. 며느리가 곱게 부친 전유어와 바나나를 이용한 후식을 가지고 향우회에 참석해야겠다.(우리 며느리 좀 귀찮겠다.) 오래전 며느리 시절처럼 꿈을 나누고 정도 나누며 단풍구경도 모두 모여 가야겠다. 붉게 물든 단풍을 배경으로 홀로 스카이 리프트를 타고 내려오면서 새삼스럽게 가족이 소중해지고 막 그리워지기 시작했다.

# 우정, 그 어울림의 맛

## 1.

10월의 어느 멋진 날, 여고동창 5인이 모였다. 남쪽지방 순천과 해남을 답사하기 위한 길 떠남이다. 꿈 많은 여학교 시절 친구라서 그럴까. 눈빛만 봐도 감정변화가 짐작이 될 정도로 가깝다. 어린 시절 고향친구인 까닭일까. 준비의 여왕인 영숙이는 최신 유행커피를 가져오고, 다방면에 재주가 많고 폭이 넓은 두루두루 여사로 통하는 양자는 모습을 닮은 예쁜 사과를 준비하고, 숨은 일꾼 은희는 농사지은 검정콩을 넉넉하게 가져왔다. 눈이 크고 정이 많은 길자는 치매예방 아몬드와 호두를 가져왔다. 정작 나는 간단한 배낭 차림으로 여행 중 즐거울 생각만 가득 머리에 담고 손은 가벼웠다.

오랜만에 고향 가는 설레는 마음으로 10월의 단풍도 화려해 보이지 않았다. 그간 밀린 이야기꽃으로 서로 다투다보니 시간이 훌쩍 지나 순천에 도착했다. 순천은 나를 키워준 고향이다. 어릴 적 외갓집에서 대가족과 생활하면서 외삼촌, 외할머니의 사랑으로 자란 나는 순천의 아름다운 풍광을 잊을 수 없다. 동순천변의 벚꽃, 죽두봉 산, 유치원이 가까운 매산 등에서 염소랑 사진찍기 등 많은 친구들과의 추억은 다채로운 수채화 감이다.

순천에서 우릴 기다리는 친구가 넷이나 있었다. 초등학교에 오래 근무한 경자는 조용하고 부드러운 일본여인의 모습이고, 학교 시절 약한 모습이던 류은주는 건강하고 넉넉한 미소를 짓는, 멋진 화가의 길을 시작하고 있었다. 학교 시절 농활, R C Y활동을 같이한 조여사는 초등학교에서 예능지도에 심혈을 기울이다 퇴직 후에도 지역사회 봉사활동에 기수역할을 하고 있다. 해남에서 온 최은주도 여자 공사생도처럼 늘씬하고 자세가 바르고 모범생다웠다. 시댁고향에서 공무원 생활이 몸에 익은 탓이리라.

점심시간이 한참 지나서인지 준비된 오리코스요리는 더욱 맛있고 풍성했다. 한쪽에서는 45년 만에 만난 감격으로 수저는 들고만 있고 여고 시절로 가고 있는데, 실속파 친구 셋은 맛있는 요리에 정신을 뺏기고 있었다. 물도 좋고 갈대숲에서 살랑거리는 모습에 취한 것인지, 직장생활로 친구들과 넉넉하게 모임을 가질 기회가 별로 없다가 오랜만에 만나는 동창들이어서인지 분위기는 꽃밭이었다.

화려한 점심이 끝나고 다음 일정은 순천만 갈대숲과 용산전망대에서 낙조를 보는 것이었다. 순천만의 갈대숲은 총면적이 30만평으로 국내 최대군락지다. 자연의 모습을 그대로 간직하고, 순천만을 관통하는 나무 데크는 구불구불한 형태로 산책의 즐거움을 주고 있었다. 용산전망대는 용이 엎드린 모양 같다고 붙여진 이름이다. 산책로 계단 위에 오르니 갈대숲을 주홍빛으로 물들이는 노을은 환상적이었다.

흔들리는 것이 어디 갈대뿐이랴 자연이 주는 경이로움은 우리를 한껏 설레게 한다. 한쪽에는 산수화에서 봄직한 배와 강물이 있고, 물속에는 전어, 숭어, 문절이(망둥이), 짱뚱어가 살고 있다고 한다. 오늘 저녁은 짱뚱어탕이라고 친구가 귀띔을 한다.

산책로에 울긋불긋 삼삼오오 무리지어 담소하며 내려오는 관광객은 얼굴이 불그레하다. 가을별미인 짱뚱어탕을 먹으러 갔다. 추어탕과 비슷하나 특이한 향초를 가미하여 가을 입맛을 살려내고 있었다. 눈물 나게 반가운 고향친구들과의 여정 첫날은 입맛, 눈맛으로 무르익고 있었다.

## 2.

숙소는 순천만 입구에 있었다. 친구들은 갈대숲 가까운 숙소를 의식해서인지 수학여행 온 학생처럼 잠을 설치고, 아침이 밝아오자 아랑곳없이 가뿐히 일어났다. 방 앞에 한 줄로 서 있는 억새가 아침인사를 한다. 바람이 조금 부는 듯했다. 예정대로 승용차 두 대로 완도를 경유하여 보길도로 향했다. 집에서 출발한 화가 은주는 솜씨를 자랑했다. 찰밥에 대추, 밤, 잣이 들어간 약식을 도시락으로 가져왔다.

가는 길에 감나무가 그림처럼 곱다. 열매를 보고 그 나무를 안다고 했다. 작가는 작품을 보고 아는 것처럼 좋은 작품을 위해 인내하고 기다려야한다. 건강하게 매달려 있는 주홍빛 감이 자랑스러워보였다. 한참 달리니 해남에 도착했다.

한가한 가게 앞 평상에서 양해를 구하고 친구가 은박지에 가져온 약식을 과일과 커피를 곁들여먹었다. 시간도 절약한 알뜰하고 소박한 여행단의 면모를 보이고 있었다. 외국영화에 나옴직한 큰 체구에 순박한 얼굴을 한 가게주인은 해남절임배추 안내장을 주면서 커피를 같이했다.

섬이 사라지고 있다고 한다. 완도와 보길도를 잇는 대교를 지나 한적하고 평화로운 마을이 나타났다. 밭에는 푸른 채소가 있고 멀리 아스라이 물이 보이는 모습이 섬 같지 않았다. 우리 일행을 안내하는 조여사는 이곳이 초임지라고 했다. 큰 자갈이 있는 해변으로 인도했다.

잔잔한 파도가 일고 모래사장 대신 자갈이 많은 곳이다. 우연한 만남으로 결혼까지 한 곳이라고 우리를 추억 속으로 이끈다. 바다는 말이 없지만, 우리는 그에게서 많은 이야기를 듣는다. 나 역시 초임지가 섬마을이었다. 해당화가 피고 구부러진 소나무, 모래사장, 논물에 비친 낙조, 교회 옆 키 큰 수숫대의 물결 등 자연에 눈뜸이 시작되었던 초임지 용유도가 눈앞에 나타났다 사라졌다.

우리 일행은 다시 차를 타고 선착장으로 향했다. 보길도를 차와 함께 배를 타고 건넌다.

보길도에는 윤선도가 귀양지에서 지은 정자도 있고, 동백이 장관을 이루는 겨울보다는 못하지만 단풍이 섞인 주변 풍경과 오래된 소나무, 자연석, 연못은 좋은 글이 나올만한 풍류가 느껴졌다. 그림을 전공했던 친구, 서예를 오랫동안 하여 색채에 감동이 빨리 오는 친구. 유난히 꽃에 대해 감동하는 친구 등 자기 나름대로 렌즈를 맞추고 있었다.

해남 가는 배시간이 임박하여 서둘러 구경하고 배를 타고 육지에 도착했다. 순천 친구 둘과 헤어지기 전 해물매운탕으로 식사를 했다. 재료는 특별한 게 없는데 맛이 깔끔하고 잘 어우러졌다. 찌개맛과 글쓰기 맛을 생각했다. 10월이어서, 여행 중이어서, 여고 동창이라서, 선택을 잘해서 맛이 있을까? 아니다. 위의 재료들이 서로 어울림이 알맞을 때 맛이 나는 것처럼 친구와 만남, 사물과 만남이 우리를 의미롭게 하고 성숙하게 한다. 여행 중 얻은 공부다. 아쉬우나 다음을 약속하고 순천행과 해남행으로 헤어졌다.

해남을 향하는 우리 친구 다섯은 옥천 친구 집으로 향했다. 저녁이 되니 또 별미가 기다리고 있었다. 운전을 맡은 두루두루 여사가 전복죽을 원했다. 친구는 얼마 후 전복, 당근, 버섯, 참기름이 혼합된 입에 짝 붙는 죽을 가져왔다. 평소 솜씨가 있는 친구였다. 늦은 점심으로 만족했던 친구들은 언제였나 싶게 달게 먹었다.

친구 집은 해남우체국에 딸린 관사처럼 정원에 나무가 많고 아담했다. 거실엔 나무들이 있는 큰 그림이 인상적이고, 공무원 생활을 오래한 훈장, 상장들, 도자기들이 서가를 빛내고 있었다.

## 3.

다음날 아침은 과일과 커피로 간단한 식사를 하자고 했는데, 주방에서 똑딱이는 소리가 몇 번 나더니 정갈한 식탁보 위에 진수성찬이 나타났다. 병어구이, 더덕구이, 찔금이 게장, 파브리카 삼색 샐러드, 된장이 들어간 꽃게탕, 마른반찬, 각종김치(고들빼기, 갓김치, 알타리 등) 등으로 우리를 또 놀라게 한다. 남도지방 음식의 진수를 여지없이 보여주고 있었다. 아니 우정에서 나온 솜씨겠지.

오늘은 대흥사로 향한다. 해남읍에서 동남쪽에 위치한 사찰로 울창한 수림과 단풍이 유명하다. 대흥사 주변 산세를 보면 누워있는 불상의 옆모습처럼 보인다. 만물은 보는 대로 보인다. 우리 산의 아기자기한 산세는 우리의 마음과 닮은 것 같다. 중국처럼 거대하지도 않고 일본과 다른, 무심한 듯 풍류를 즐기는 듯한 산자락이다.

초의선사 사당에서 현대판 달마제자와 만나 손수 대접하는 녹차를 마시고 30여 분 대화했다. '만물은 다 주인공이다'라고 예화를 들려준 확신에 찬 시선과 단단한 체구, 자유스러운 동작을 보고 불교의 현대화를 생각했다. 종교는 생활 속에 스며들었을 때 힘이 되는 것 같다.

다산초당으로 향하던 중 입구에서 친구가 준비한 김밥을 먹었다. 김치만 들어간 터진 김밥(부드러운 김으로 군데군데 밥이 나온)은 간이 맞고 소박하여 우리를 편하게 했다. 외관보다 정성이 문제지하며. 차안에서 그 옛날 여고생처럼 한 입 먹고, 춤추는 억새 한 번 보고, 서로 웃고…. 다산초당에서 내려와 대흥사 앞에 숙소를 정했다. 저녁은 대흥사 앞 유명한 버섯탕 집에서 먹었다. 맑은 쇠고기 육수에 희귀 버섯의 천연향이 그대로 전해지는 고급 음식이었다.

여행의 마지막인 정읍 구절초 축제로 가기로 했다. 해남에서 정읍 가는 길은 4시간이나 소요됐다. 정읍에 와서도 구절초 축제 장소 현장이 나타나지 않아 내심 걱정스러웠다. 가파른 계곡도 있고 예상이 빗나간 지형이 계속되었다. 한참 가니 팻말이 나타났다. 정읍시 산내면 옥정호 구절초테마공원이다.

계곡과 큰 산 자락에 소나무가 운집해 있고 그 아래 하얀 꽃잎을 뿌려 놓은 듯 새로운 풍경이 나타났다. 음력 9월 9일이 되면 9마디가 된다는 구절초. 9월 말에서 10월 초에 축제가 있었나 보다. 1주일이 지난 시기지만 그런대로 흰색에 가까운 연보라 빛 구절초가 풍성하게 있어 우리를 놀라게 했다. 우리처럼 늦게 찾아온 들꽃 사랑 인구도 꽤 있었다. 아직은 무겁지 않은 나이에 길 떠난 5인의 친구들은 마냥 즐거웠다. 사진을 몇 장 찍고 정읍으로 다시 나왔다.

정읍 산내면 메기매운탕 집으로 갔다. 집은 소박하고 휑뎅그렁했다. 방은 넓으나 벽에 달랑 달력 한 장 붙어 있고, 맛있는 유명한 집과는 거리가 먼 듯하여 일어날까 하다가 점심시간이 늦어 눌러앉아 주문했다. 무뚝뚝한 여자 주인이 조금 있다 음식을 가져왔다. 반찬이 색은 어두운 것뿐인데 맛은 좋았다.

드디어 메인 요리가 나왔다. 얇은 무청 우거지로 고추장과 된장 맛이 들어간 자주 빛에 가까운 매운탕은 황홀했다. 먼 길을 달려오고 구절초의 아련한 꽃구경 후라서일까 매콤하고 푹 무른 우거지가 부드러운 메기와 함께한 매운탕은 이제껏 먹어본 것 중에 제일이었다.

진한 인상보다 어설픈 인상, 가볍게 섞인 음식을 선호한 적이 더 많았는데 깊고 진한 매운탕을 대하고보니 옛날이 또 떠오른다. 남쪽 스타일 음식이다. 이제부터라도 잘 섞이는 삶을 살아야겠다. 외모로 평가하지 말라고 한 말씀이 맞다. 실력 있는 사람은 꾸미지 않고 자신을 드러낸다.

'잘 섞여 하나로 조화되는 맛, 그 맛을 내며 살아야겠다'고 다짐하며 귀경길에 올랐다. 의미 있고 즐거운 여행이었다.

# 섬에서 그린 그림엽서

- 4월, 남해 기행

거제도를 가는 고속버스에 몸을 싣고 창밖에 시선을 보냈다. 철이 늦어 벚꽃도 보이지 않고 환하지 않으나 봄빛은 완연했다. 논두렁 옆 좁은 길과 구불구불한 산으로 난 길이 눈에 들어왔다. 아스라이 옛날이 떠오르는 친근한 풍경이다. 정오가 넘는 시각에 도착했다. 고향에서 시를 쓰고 있는 멋진 청년이 마중을 나와 우리를 반겼다. 향토음식으로 점심을 들었다.

언덕에 위치한 숙소에서 여장을 풀고 밖에 나오니 진달래의 연분홍빛이 환하게 웃고 가깝게 보이는 바다의 푸른빛은 우리의 마음을 시원하게 했다.

여행 2일째 욕지도를 관광할 때다. 때 묻지 않은 자연림으로 둘러싸인 섬은 빌딩숲과 소음으로 무질서하고 바쁜 삶의 현장만 보았던 우리의 시야를 먼 나라로 옮겨놓은 것 같다. 원시림에 가까운 숲속 언덕을 오르다가 내려와 멀리 푸른 바다를 보면서 우리는 마음을 닦고 있었다. 바다 너머 우리가 그리는 이상세계를 꿈꾸기도 하고 푸르디푸른 바다와 함께 순간순간 어린 시절로 돌아간 듯했다.

어느 밥집에서다. 욕지도 선창가의 김금단 식당이었는데 큰 목소리의 여주인의 깔끔한 밥상이 우리를 놀라게 했다. 전복죽과 회덮밥이었다. 양이 적은 듯했으나 싱싱하고 먹다보니 꼭 맞는 양이었다. 음식이 나오기 전 손님이 갑자기 많아지자 젊은 여주인의 불호령이 떨어졌다. 손님을 받지 말라는 것이다. 나이가 든 남자주인은 카운터에서 머뭇거리다 여주인의 말을 듣고 손님을 내보낸다. 새벽에 바다에 나가 채취한 해물로 10시부터 식당 문을 열고 준비한 그날 재료 양만큼 손님을 받는다고 했다.

여주인의 큰 목소리에 우리 일행은 어리둥절했다. 우리 일행 중 키가 크고 여유 있는 자세의 R문인이 크게 화답하며 섬 출신은 목소리가 원래 크다고 답하자 주방에서 힘차게 일하던 여주인이 쟁반 가득 해초를 가져왔다. 자신의 입장을 이해하는 멋진 손님에게 정을 표시한 것이다. 덕분에 우리는 싱싱한 해초로 입이 즐거웠다.

우리를 안내하는 멋진 시인은 어느 틈에 밭 두릅을 사가지고 와서 씻어 상에 올린다. 처음 본 두릅이다. 길이가 길고 뿌리 부분이 연보라색으로 향이 좋았다. 젊은 여주인은 후식을 내면서 가족을 소개한다. 대학생 자녀를 둘 두었다고 해서 놀랐다. 시원스레 웃으며 싱싱한 회와 해초 덕분이라며 나이든 남자주인과 다른 젊고 시원스런 큰 목소리의 여주인이 기억에 남았다.

여행 3일째 누에섬에 가는 날이다. 함께한 9명 중 거가대교 쪽으로 5명, 누에섬으로 4명이 나누어서 구경하기로 했다. 바람은 잔잔하고 자그마한 붉은 꽃송이와 해풍으로 반짝이는 섬 동백의 작은 잎사귀는 건강해보였다. 소설에 나오는 듯한 한산한 포구 풍경이 마음에 들어 잠시 소설가의 마음에도 빠져보았다. 삶은 계란과 카스텔라, 물을 사면서 어릴 적 기차 여행할 때를 떠올리기도 했다.

드디어 배를 탔다. 200명 정도 타는 규모의 훌륭한 배였다. 파도의 출렁임을 보면서 섬에 도착했다. 30분 타고 2시간 섬에서 지내다 다시 그 배로 돌아오는 것이다. 오래된 나무와 바람언덕, 섬 아기집, 오래된 학교, 교훈 급훈이 붓글씨로 쓰인

옛교실, 빨간 우체통, 꿈의 무지개다리 등 섬 전체가 환상이었다. 섬을 둘러싼 푸르고 푸른 바다는 하늘과 맞닿은 듯 우리를 시원하게, 꿈꾸게, 말을 잊게 했다. 나는 오랫동안 마음에 그린 이 섬의 풍경이 지워지지 않을 것 같다.

4월의 봄 바다, 우리는 행복감에 젖었다. 클라이맥스는 언덕 위 하얀 집에서의 커피 한 잔이다. 커피집 전면 베란다에 오래된 팽나무가 가지를 자손 펼치듯 길게 멀리 펼치고 바다의 푸른색과 팽나무의 연둣빛 잎새, 고목스런 갈색 등은 완전 그림이었다. 자연이 만든 명품이었다. 누가 이 풍경을 재현할 수 있겠는가?

이태리 영화감독차림의 O문인, 카키색 사파리차림의 A교수, 상담치료학 전공으로 우리를 한없이 배려하는 C문인의 레드코트, 사물을 볼 때 색채가 먼저 들어온다는 N의 초록모자와 살구빛 머플러는 푸른 바다와 잘 어울렸다. 그리고 신이 준비한 듯한 어느 섬에서의 커피 한 잔! 연보라와 연분홍의 꽃그늘에서 그리는 그림엽서가 되었다. 마음으로 엽서를 그린다. 그동안 잊고 있던 4월의 봄이 다시 살아나는 순간, 멀리 산동백이 붉게 붉게 지고 있었다.

# 나를 기쁘게 하는 것들

1. 겨울 나들이- 남이섬

추운 어느 날, 전 경기여고 재직 멤버 4인이 길을 떠났다.

차분하고 야무진 총무는 주황색 코트를 입고 서예가 K선생은 디자인이 돋보이는 카키색의 넉넉한 코트차림, 매사에 분명한 수학자는 연보라색 겨울점퍼차림, 추운 날도 아랑곳없이 즐겨 입는 회색 티에 보라색점퍼차림의 N여사는 매봉역에서 만나 남이섬엘 갔다. 경춘가도를 달리면서 마른 나무 행렬과 조용한 본래의 모습을 한 겨울산, 맑은 하늘과 구름을 보면서 새삼 자연의 질서와 조화에 감탄하고 있었다.

영하 10도를 넘나드는 날씨에도 남이섬에 오는 사람이 많았다. 주차장에 차를 세우고 배를 탔다. 오전중이라 승선인구가 적다고 했다. 주말오후에는 젊은이들이 많이 온다고 했다. 배에서 내리니 유리알 미니버스가 기다린다. 9인승으로 양옆과 뒤편이 두꺼운 바람막이 투명비닐로 처리한 관광버스다.

운전 겸 해설자가 구수하게 만담식으로 섬의 내력을 소개한다.

1940년대 청평댐을 조성할 때 생겨난 섬으로 60여 년 전 재력과 문화방면에 안목 있는 분이 개인 소유로 매입하여 나무를 심기 시작하고 유원지로 알려지다, 10년 전부터 디자인 전공의 국제적 명성이 있는 분이 환경문화단지로 새롭게 조성관리 한다고 한다. 20분쯤 타고 남이섬의 명동에 내렸다.

오래전에 2~3번 와본 곳인데 이번에는 많이 달라져 있었다. 「겨울연가」 촬영지에 유명 탤런트 조각상이 있고, 60년대 학교 도시락을 굽는 난로며, 민속놀이장, 옛날사진관, 카페도 있고 강변에는 그림처럼 펜션을 배치했다. 어느 산책로는 톱밥을 무한정 부어놓아 푹신한 느낌을 주고 걷기에 편했다. 한류열풍으로 일본, 중국에서 온 관광객이 많고 동남아시아 등 외국인이 많은 걸 보니 다문화시대가 실감이 났다.

남이섬에서 구경 중 유니세프 행사 코너가 있었다. 유엔 국제아동기금에 관한 모금 활동으로 우리나라도 190개 나라에서 활동한다고 한다. 생활용품이 값도 싸고 디자인이 재미있었다.

구경 중 벽에 그림이 눈에 띄었다. 오렌지바탕에 가끔 연두색이 있는 다양한 그림퍼즐이었다. 퍼즐 잘하는 손자가 생각나서 구입하고, 알파벳과 귀여운 그림으로 수놓은 벽걸이도 샀다.

추운 날씨에 살얼음으로 덮인 곳이 많아 걷기도 조심스러워 우리 일행은 그만 배를 타고 나왔다. 선착장 주위에 닭갈비 전문식당이 많았다. '산골아줌마' 간판이 마음에 든다며 들어갔다. 손님이 많았다. 커다란 팬을 달구어 준비한 고구마, 야채양념 닭갈비가 배달되어 익기 시작한다.

서예가 K선생은 퇴직 후 종교 단체에서 봉사활동을 한다고 즐겁게 이야기를 시작한다. 닭갈비를 안주삼아 한두 잔 한다. 보통 때 과묵한 K선생이 오늘따라 환한 얼굴로 자유롭게 많은 이야기를 하니 우리들도 덩달아 즐거워진다. 길 떠남은 이래서 우리를 순수하게 한다. 또한 일상에서 벗어나 새로움을 찾아 떠나는 나그네를 들뜨게 한다. 식당에서 나와 두 번째 장소인 쁘띠 프랑스로 향한다.

## 2. 겨울 나들이- 쁘디 프랑스

청평댐에서 남이섬 방향으로 호숫가 길을 따라 10킬로쯤 가다보면 왼쪽 언덕에 유럽풍 작은 집들이 옹기종기 모여 있었다. 이곳이 바로 한국 안의 작은 프랑스 '쁘띠 프랑스'이다. 가까이 가니 벌써 차량이 많이 있었다. 외관은 살구색, 밤색 등으로 단정한 집들인데 막상 가까이 가보니 더 예뻤다. 젊은 엄마와 아이들이 가족들과 함께한 구경인구가 많았다. 15개 숙박동과 10개의 테마관이 있었다. 학생 수련시설로도 손색없는 청정 지역이었다.

첫 번 코스가 작은 갤러리다. 프랑스의 국조인 닭에 관한 다양한 장식품과 꽃병, 동물인형, 예쁜 원피스 입은 소녀 등 동화 속에 출현하는 주인공들이 실제 소형으로 제작되어 넉넉한 진열대에 풍성했다. 좋은 색감과 오래된 그릇에서 오는 정다움 등이 묻어나고 붉은색, 녹색, 파랑이 흰 도자기 위에 입혀진 게 많았다. 좁은 언덕 위의 마을에 프랑스를 느낄 수 있게 도자기들을 이렇게 멋지게 펼치다니 놀라웠다.

갤러리 2층이 우리가 예약한 숙소란다. 층계를 따라 올라갔더니 높은 천장, 깔끔한 침대와 단정한 경대, 2인용 소파에 화려한 수예품 덮개가 있고 창문엔 동화 속에 나오는 리본형 망사 커튼이 단정하게 묶였고 거실에도 소파와 바닥이 살구색으로 따뜻했다.

예약된 방이 셋이다. 원래 7, 8명 참석으로 알고 예약한 곳으로 네 사람이 쓰기에는 넘치는 곳이었다. 또 침대 옆에 접이식 요가 색동이다. 빨강, 노랑, 연두, 하늘 등 고운 색으로 가볍지 않은 우리 체중도 눈 깜작 않고 탄탄하게 받든다.

하얗게 칠한 높은 천장과 1~2개 원형으로 뚫린 창은 마치 배를 타고 있는 듯한 건축물도 놀라웠다.

준비한 과일과 와인이 기다리고 있었다. 과일을 준비한 그릇 위에 이쑤시개가 붙어있었다. 배려 깊은 총무님이 집에서부터 붙여온 것이다. 퇴직 후 봉사기관에서 2년이나 활동한 솜씨가 어느 곳에서도 나타난다. 원래 전공은 무용과인데 부드럽고 꼿꼿한 몸매와 조용하고 단호한 그러나 부드러운 총무님이 오늘따라 돋보인다. 또 또랑또랑한 수학자는 살림도 잘하는 것 같다. 준비한 과일을 씻고 접시에 담는데 정물화를 보는 듯했다.

빠질 수 없는 것이 수다이다. 아직은 젊은 서예가님이 시댁이야기에 잠시 열을 올리니 더 젊은 예의 정물화가는 언니처럼 미소 지으며 참고 기다리라는 말을 했다. 오랜만에 모여 터놓고 이야기하다보니 또랑또랑 수학자가 외모와 달리 폭이 넓고 깊다. 웬일이냐고 물었더니 그간 전통음식 전수자 시어른을 모시고 대가족과 살면서 체득한 것이라 했다.

소박하지만 멋진 숙소에서 하룻밤 보내고 다음날 기념품 가게엘 갔다.

원형무대 오른쪽으로 난 중앙 통로로 들어가면 마치 프랑스의 작은 골목에 들어선 듯 조그마한 건물이 나타난다. 생텍쥐페리 기념관이다. 1층에는 생텍쥐페리의 탄생과 죽음, 성장기와 가족에 관한 사진이 전시되어있고 2층에는 작품관으로 「어린 왕자」, 「야간비행」 등 작품에 대한 다양한 해설과 관련캐릭터 상품이 전시되어있다.

기념관 옆 건물 1층이 기념품 가게이다. 「어린 왕자」 등 생텍쥐페리의 작품은 물론 캐릭터와 문구류, 허브용품이 다양했다. 어린 왕자 모습을 붙인 볼펜과 열쇠고리를 샀다. 우리 집에 어린 왕자들이 떠올랐기 때문이다. 한 예술가의 기념관을 이처럼 멋지게 준비한 단체의 기획력을 높이 샀다.

프랑스 전통가옥을 그대로 옮겨놓은 주택전시관, 전통악기 오르골 전시 및 시범을 보여준 오르골 하우스, 큰 강당에서 전통악기를 활용한 가족 게임 등을 유치한 이벤트홀, 가을에는 오픈 광장에서 연극도 하고 어느 한쪽에는 높은 전망대 건물도 있어 강변을 바라보며 잠시 추억에 젖고, 다양한 야생화로 조성된 산책길은 우리를 꿈꾸는 어린 왕자로 만들었다.

우리 민속촌도 생각해 보았다. 좀 더 다양하고 복합적인 문화마을로, 시간이 오래 걸려도 오래도록 기억할 수 있는 향토색 짙은 문화마을이 그립다.

## 3. 손 안의 미술관

어느 날 새벽 침대 가까이에 있는 핸드폰을 켰다. 세 여인퍼즐이 나왔다. 연두 옷에 갈색무늬가 있고, 보라색 물동이, 팔찌는 여섯 개를 한 여인, 오렌지 옷에 연두 물동이, 팔찌 세 개, 오렌지 여인은 왼쪽 손을 위로 들고, 그 옆 흰옷에 푸른 물동이를 이고 팔찌 네 개한 여인 등 옷의 면적도 대 중 소, 얼굴방향도 왼쪽 오른쪽으로 다양한 세 여인 조각 퍼즐이 너무 선명하고 좋았다.

지난겨울 남이섬에서 사온 오렌지빛 풍경 퍼즐인데 나이에 맞지 않았는지 퍼즐 잘 하는 손자도 흥미가 없었다. 우선 조각이 200여 개이니, 조립성격이 아닌 할머니가 색감과 다양한 무늬에 홀려 쉽게 가져온 티가 난다.

아이들이 잠들고 아들, 며느리와 함께 맞추는데 이럴 때만 성질 급한 나는 엉뚱한 것을 가져와 못 맞추고, 색감과 행동력이 있는 아들도 몇 개 번쩍이며 맞추나 어렵다. 차분하고 정확한 며느리가 적격이다. 천천히 살피더니 하나씩 맞춰간다. 어른 셋이서 만지기 시작한 퍼즐을 1시간이 지나 원형그림이 있는 퍼즐 케이스 뚜껑을 찾았다. 드디어 속도가 붙었다.

보통 때 서로의 일로 분주하여 대화가 적은 우리들은 퍼즐로 가까워졌다. 차분히 진행하는 며느리와 부족한 수량을 빨리 체크하고 이곳저곳에서 찾고 보조하는 아들이 어울렸다. 전형적인 A형과 B형이다. 완성된 그림만 생각하는 시어머니(나)는 며느리의 솜씨에 감탄하고 있었다.

시간이 지나니 퍼즐이 거의 완성됐다. 40*60크기의 퍼즐인데 바탕은 오렌지이고 사막의 세 여인은 물동이를 이고, 낙타, 자동차, 자전거, 경사진 돌기둥, 인력거 모양의 차, 두건을 쓴 검은 얼굴남자 등 아프리카 지도를 보는 듯 다양했다.

그래, 인생도 퍼즐처럼 서로 맞추는 것이란다. 살면서 어려울 때 고뇌하며, 참고 기다리고 때론 도전하며 이웃과 조화를 이루는 것이 퍼즐과 닮았다. 글짓기 내용을 찾았다고 나는 핸드폰으로 완성된 퍼즐작품을 사진에 옮긴다. 전체를 3번, 부분으로 나누어 6~7번 찍고 즐거워했다. 모두 나를 기쁘게 하는 손안의 미술관이다.

남이섬으로 떠난 1박 2일은 짧지만 즐거운 나들이였다. 자연스러운 겨울산과 구름, 겨울나무처럼 허심탄회한 친구들의 대화, 퍼즐로 더 가까워진 가족, 모두 나를 기쁘게 하는 어울림의 맛이다.

# 소꿉놀이 같은 하루

일요일 저녁 길을 떠났다. 아들내외와 손자 둘과 함께 겨울 바다를 떠올리며 여행길에 올랐다. 캠핑을 즐기는 아들이 이번에는 엄마를 모시고 콘도로 간다고 한다. 간단한 준비를 회색 배낭에 넣고 나섰다. 며느리는 어린애들 옷과 가족이 먹을 간식, 부식 등을 담고 나들이를 한창 좋아할 나이인 5살, 7살 어린 손자 둘은 기분 좋은 얼굴로 발걸음이 빠르다.

출근시에도 캠핑 장비를 싣고 다니는 아들은 오늘따라 자신이 넘치는 모습으로 운전을 했다. 동지가 가까운 때라서 어둠이 빨라 밖은 볼 수 없으나 차안에서 가족끼리 즐거웠다. 노래 부르기, 끝말잇기 등 주말드라마 '오작교'를 시청하다가 터널이 많아 중간 중간 끊기고, 어느 지점에 가니 강원 방송 뉴스가 나와서 웃었다.

2시간 넘게 달리니 속초가 나타났다. 눈이 와서 제설작업으로 군데군데 눈더미가 쌓였다. 어시장에서 오징어와 해삼, 초고추장을 사가지고 대명콘도에 도착했다. 성탄분위기를 물씬 풍기는 산타할아버지 모습의 꽃나무. 눈 덮인 성탄마을에 귀여운 아기곰 등이 있고, 꽃마차도 있었다. 아이들과 사진도 찍었다. 배정된 숙소에 가서 짐을 풀고 저녁밥을 지어 맛있게 먹었다. 서울에서 2~3시간 만에 여행지에 와서 저녁을 먹다니 좋은 세상이다. 젊은 아이들과 함께 사는 복이다. 더욱이나 건강한 아들, 며느리, 손자들과 만찬을 먹는 것이 부러울 게 없었다. 이게 행복인 것 같다.

20년 전 우리 큰아이가 고1 때다. 형님을 특히 좋아하는 3째, 4째 시동생 가족과 함께 12명이 속초에 왔었다. 눈덮인 산과 소나무, 바닷가가 인상적이었다. 콘도 외관에 붙인 동그란 자연석이 토담집 모양으로 정이 갔다. 아침은 어시장에서 싱싱한 생선을 사가지고 얼큰한 매운탕으로 준비하면서 즐거웠다. 강원도가 있어 행복한 시절이었다.

아침에 늦게 눈을 뜨고 베란다엘 나갔다. 멋진 산수화가 펼쳐져 있었다. 일주일 전쯤 내린 폭설로 산에 눈이 남아 있는 모습이 표현하기 힘들 정도로 멋있었다. 산이 몇 개 겹치고 산의 모양이 각기 달라 오래오래 보고 있었다. 사진에 담아가서 그림을 그릴 수 있을까. 무채색의 겨울산은 의젓하고 포용력이 있었다. 마치 그 옛날 꼭 다문 입에 말없이 형제간의 화목을 이끄는 남편의 모습이 겹쳤다. 아침은 커피와 케잌, 떡으로 간단히 하고 밖으로 나왔다.

속초 중앙시장에 가니 길게 줄을 선 가게가 있었다. 이미 알려진 만석 닭강정집이다. 좁은 시장 골목에 80여 개 상자에 닭강정이 담겨 있고, 가게 안에는 10개 가까이 튀김그릇이 있고, 직원들이 바쁘게 움직이고 있었다. 전국적으로 택배가 가능하다고 한다. 옆집도 상호만 다르지 닭강정 집들이다. 단맛과 고소한 맛에 매운맛이 더하여 식욕을 돋우었다. 손쉽게 구할 수 있는 재료로 이렇게 인기를 끌 수 있다니! 만석 상호도 좋은 것 같다. 나만이 낼 수 있는, 닭강정 같은 삶의 맛도, 그 소재로 하는 수필의 글맛도 있을 법한데 그게 뭘까 잠시 생각하게 했다.

조용하면서도 행동력이 있는 아들은 또 대포항으로 향했다. 새우튀김 1소쿠리를 사고, 겨울 바닷가를 찾았다. 표지판에 '외옹치 바닷가'라는 드문 말이 있었다. 소복이 쌓인 눈이 찾은 이가 적어 온 세상이 은백색이고, 멀리 푸른 바다가 보이고 새털구름이 가지런한 하늘이 6할, 푸른 바다가 2할 모래벌판이 약간 나머지는 흰 눈으로 덮인 외옹치 바닷가는 신천지 같았다. 차 속에서는 새우튀김, 닭강정 냄새로 아이들 손이 자꾸 튀김 봉지로 향하고 1개만 먹으라는 젊은 엄마의 충고는 교육적이다. 기다림을 가르치는 것이다.

캠핑마니아 아들은 차분히 차 위에 있는 장비를 풀어 간단한 천막을 친다. 7인용 카니발 차를 기준으로 양 옆에 기둥을 세우고, 휘장처럼 천막을 치니 ㄷ자형 이동식 공간, 눈 위 카페다. 연두색 접이 의자 4, 붉은색 등받이 의자 1개가 나오고, 노란 접이식 탁자도 차렸다. 준비한 새우튀김, 풍성한 닭강정, 맥주를 풀고 먹기 시작했다. 새우튀김을 먼저 먹고 닭강정을 먹었다. 약간 매운 듯 달콤한 맛으로 연거푸 쉬지 않고 먹었다. 아이들은 소복이 쌓인 별천지 눈 때문에 몇 번 먹다 일어선다. 눈에 손을 넣고 어쩔 줄 모른다.

멀리 바닷가에 젊은 남녀가 앉아 있고, 그 옆 바위에는 낚시하는 아저씨의 옆모습, 우리 눈 위 카페 옆에는 한 번도 밟지 않은 하얀 벌판이 주욱 펼쳐져 있었다. 웬만큼 먹고 일어났다. 먼저 일어난 아들은 비닐 돗자리를 들고 아이들과 언덕을 찾아간다. 눈썰매를 태워줄 모양이다. 아이들의 소리치며 사슴처럼 뛰는 모습이 예쁘다.

옛날 같으면 먹는 것보다 겨울바다를 보고 소리 지르거나 말없이 바다를 향했을 내가 제일 늦게까지 먹으면서 멀리 있는 바다를 보고 "색깔이 여러 빛이구나" 하면서 겨울바다 너머 더 그리운 모습을 소리 없이 감상하고 있었다. 조용한 행복감이 밀려왔다. 아들, 며느리와 이런 곳에 와서 하루를 즐기는 것이 사는 맛이구나, 그 고소한 맛과 약간 매운맛은 겨울바다에도 살아있었고 아들이 친 천막에도 있었다.

오랜만에 눈사람을 만들고 싶었다. 무릎까지 푹푹 빠지면서 순백의 눈을 굴렸다. 뭉치기에 적당한 눈이 되어 있었다. 몇 차례 굴리니 무거웠다. 멀리서 보고 아들, 손자, 며느리가 가까이 온다. 아들은 엄마가 만든 불안정한 눈사람을 잘 다듬는다. 눈썹을 만든다고 두꺼운 종이상자를 잘라 눈썹을 붙이고, 손자는 기다란 막대기를 가져와 팔을 만들고, 어린 건희는 작은 조개껍질로 눈을 붙인다. 며느리는 커다란 조개껍질을 주워 눈사람 옷 단추를 표시한다. 그러고는 큰손자 초록색 머플러를 눈사람 목에 걸고 할머니 회색모자를 머리에 얹었다. "와! 할아버지 눈사람이다."라고 아이들이 외쳤다. 실로 오랜만에 만들어본 눈사람이다. 우리 가족이 함께 만들었으니 더 재미있었다.

파란 하늘. 푸른 바다. 흰 눈 덮인 바닷가에서 멋진 눈사람을 만든 12월 12일을 오래 기억할 것이다. 정말 재미있고 소꿉놀이 같은 하루였다.

# 운문산 바람과 양동마을 콩국수

7월이다. 모처럼 고향 찾듯 '수필의 날' 행사인 경주문학기행을 떠났다. 아침 일찍 출발하여 저녁 늦게 도착한 운문산휴양림의 숙소는 호실 이름도 측백나무, 잣나무 등으로 정겨웠다. 즐겁게 지친 몸을 빨리 쉬고 싶었지만 함께한 창작수필문인회 회장님이 따뜻한 정으로 마련하신 과일과 음료, 그리고 문우들의 정이 잠을 멀리 했다. 짐만 숙소에 두고 우린 밖으로 나왔다.

운문산계곡의 바위에도 숲속에도 힘센 바람이 등장한 것이다. 집 떠나온 학생들처럼 70년대 노래도 부르면서 바람에 비낀 홍조 띤 얼굴들은 세월의 시계를 돌려놓고 있었다. 분위기가 무르익었는데 갑자기 야외 등이 꺼졌다. 10명의 문사들이 소리 높여 불 켜달라고 합창을 하니 조금 후에 불이 들어왔다. '수필의 날' 행사가 우리를 '한 여름 밤의 꿈'으로 안내한 것이다. 순수한 시절로 돌아가 바람과 숲 향기와 더불어 작은 수필의 역사를 짓고 있었다.

다음날 아침 산책길에 나섰다. 경북 청도군 운문산자락은 숲이 울창하고 계곡의 물이 너무 맑아 저절로 발길이 물가로 향했다. 성질 급한 문인들은 물에 발을 담근 채 포즈잡기에 바쁘고 우리들은 그 주위를 경탄하면서 걸었다. 둥그런 다리 아래 선녀가 다녀간 듯 조용하고 고즈넉한 계곡이 눈에 띄었다. 가족끼리 올 수 있는 피서지로도 훌륭하다고 입을 모았다.

일정에 따라 추어탕으로 아침을 먹고 양동마을로 향했다. 그동안 몇 번 와보았지만 여름은 이번이 처음이다. 무덥기는 했으나 양동마을 입구 좌우로 초록의 물결이 출렁거리고 있었다. 연잎의 군무다. 흰빛, 분홍빛 연꽃의 자태는 우리에게 가르침이었다. 말없이 평화를 이루고 있는 이곳의 모습이 이번 수필 행사의 하이라이트였다.

사진작가들은 바쁘게 움직였다. 마음에 새겨둘 양으로 멍하니 바라보는 데는 한계가 있었다. 못난이 폰으로 3컷 정도 찍었다. 7월이면 양평의 세미원, 부여의 궁남지를 떠올리다 때를 놓치는 경우도 있었는데 이번 수필이 데려다준 양동마을의 연꽃잔치는 여름날 소나기처럼 반가웠다.

소박한 양동마을의 맛집 입구에는 밤색 고무물통의 수초처럼 어린 연꽃이 부끄럼타듯 숨어있고, 당당하고 청정한 모습의 수련들도 시선을 끌었다. 울타리 밖의 붉은 접시꽃들도 가슴을 울렸다. 맛집 입구에 내건 음식메뉴를 보고 문우들은 여기저기 흩어졌다. 많은 숫자가 한 번에 마을에 도착하니 집집마다 기다리는 시간이 길었다.

기다리는 동안 우리 창작회원들은 어느 부잣집 입구에 만들어진 카페에 앉아 콩떡빙수를 시켰다. 유행이 지난 유리그릇에 많지 않은 양이었다. 35도를 맴돌던 날씨 탓인지 그날 먹어본 양동마을 팥빙수는 천상의 맛이었다.

더위를 잠시 잊고 있었더니 고대하던 콩국수가 나왔다. 많은 양을 계속 준비해서인지 아주 차갑지도 않고 빛은 노르스름하며 구수한 콩국수가 일품이었다. 우리들은 잠시 말을 잊고 정신없이 먹다가 한 목소리로, “고향의 맛이야! 어머니의 손맛!” 하면서 오래 기다린 보람이 있다며 만족해했다. 기와집과 초가집이 한 폭의 그림처럼 아름다운 자연환경으로 유명했던 양동마을에서, 연잎, 연꽃, 콩국수, 콩떡빙수는 어느 문화제 못지않게 일품이었다. 서울에서는 물난리로 고생한다는 소식인데 우리는 폭염을 콩국수로 식혔다.

이번 경주에서 이루어진 제13회 '수필의 날' 행사는 화려했다. 동국대학교 경주캠퍼스 100주년 기념관에서 펼쳐진 행사는 진행이 순조롭고, 1부에서 '수필의 날' 선언문 낭독을 할 때는 두근거리는 마음으로 함께했다. 이어 '올해의 수필인상'으로 오랜 교직생활 후 이모작 삶의 보람으로 수필집 10권을 집필하신 연륜 깊은 이병수 수필가님과 유달산 기슭에서 수필의 발전을 위해 애쓴 공로로 김학래 원로수필가님의 수상은 자랑스러웠다.

2부 주제발표 시간에 '천년 신라문화유적과 수필문학'을 발표하신 정목일 수필가님의 희망찬 메시지는 우리 수필인이 가져야할 큰 뜻을 대변해주셨다. 다음으로 물 흐르듯 자연스런 사회자의 안내로 작은 음악회 순서다. 올해 수상하신 두 분 수필가님의 대표작을 낭송하는 순서가 이색적이었다.

또 예술이 기다리고 있었다. 포항의 색소폰 오케스트라의 협찬은 전국에서 모인 문인들의 열기와 손잡은 화음이었다. 지휘자의 예술적 포즈 또한 돋보이고, 경주를 소개하는 시장님의 열정 또한 뛰어났다.

행사 후 푸른 교정을 거닐며 담소 중에 어디선가 '과-과-' 소리와 함께 눈길을 잡는 것은 송림 속의 백로의 모습이다. 종이학을 접어 뿌린 것처럼 송림에 하얀 날갯짓은 국내에 몇 안 된다는 백로 서식지, 경주에서만 볼 수 있다고 한다. 귀한 장면이었다. 깨끗하고 고전적인 교정을 아쉬워하며 뒤로하고, 타임머신을 타고 옛 신라의 안압지로 갔다. 어둠 속에서도 안압지는 황금색으로 빛났다. 어둠이 주위를 숨기고 건축물만 주인공이 되어 인간의 존재보다 커보였다.

문학기행중 첫 탐방지인 불국사 관광도 새로웠다. 다보탑과 해체복원중인 석가탑을 보면서 무영탑에 어린 아사달 아사녀의 애달픈 사연도 생각났다. '아는 만큼 보인다.'라고 했던가? 젊었을 때 보았던 것보다 세월이 깊어서 다시 보니 새삼 모든 것이 다르게 보인다. 세심하고 풍부한 자료로 접근한 '수필의 날' 행사의 뒷받침으로 경주의 역사성과 보물의 우월성을 다시 보게 되었다.

일상에서 떠남은 항상 의미로운 것이기에, 이번 7월의 바람인 '수필의 날' 행사로 우리는 다시 꿈을 꾸는 젊은이로 거듭나게 되었다. 그러므로 수필정신의 DNA가 널리 퍼지는 그날을 위해 자, 다시 한 번 건배!

# 산악회는 나의 건강교실

산에서 만남은 자연스럽다. 산을 닮고 나무를 닮은 모습들이 소박하고 순수하다. 여행, 문학, 인생 등을 스스럼없게 이야기하고 저마다 준비한 간식과 더불어 친해진다.

등산화도 준비하지 않고 관악산에 갔다가 듬직한 선배 문인이 끈을 주어, 그것을 잡고 바위에 오르고 산에 올라갔다. 정상에서 확 트인 시야를 보고는 정말 자주 참석해야겠다고 마음을 다졌다.

어느 해 사르트르 눈빛으로 자처했으나 도중에 먼저 하산한 적도 있었다. 시력이 불안정해서 낮은 곳에서도 헤맬 때도 있었다.

어느 해 시산제에서 웃는 돼지머리에 푸른 잎을 꽂고 진지했던 시간들. 흰 비닐 우비를 의사 가운처럼 입고 음식 처리하는 모습이 전문가를 무색하게 한, 산빛, 돌빛 닮은 젊은 친구의 모습이 2월의 산자락과 어울렸다.

지난여름에는 오후에 가족행사가 있는데도 등산모임에 가서 반가운 얼굴 보고 서오릉 주위를 걷다가 집으로 돌아와 냉콩국으로 더위를 식힌 후 행사에 참여했다. 생기 있는 만남이 중요함을 새삼 느꼈다.

2011년 11월 초 칠갑산 갔을 때, 안개가 자욱한 산정에서 문우들과 자연스런 걷기는 만추와 하나된 기분이었다. 안개에 가려 나뭇잎도 주위 산들도 프랑스영화의 한 장면이었다. 하산 후 토속음식으로 즐거웠던 시간, 멀리서 온 친구들에게 맛깔스런 청국장을 곁들인 점심과 고향의 따뜻함이 느껴지는 백설기 떡까지 준비한 넉넉한 친구의 마음. 등산모임이 아니었으면 갖지 못할 인정어린 모습이었다.

언제 보아도 새로운 대자연에 접함으로써 나를 젊게 하고 나를 신나게 하는 산행이라서 좋다. 그래서 산행하는 날은 늘 어린 시절의 운동회날이다. 그래서 창수산악회는 나에겐 일급 건강교실이다.

# 그리운 김준곤 목사님께

목사님 안녕하시지요.

지금쯤 사랑하는 따님과 함께 편히 쉬고 계실 목사님을 그려봅니다. 지난해 9월 30일 저녁신문을 보다가 쿵 내려앉은 저의 마음을 보았습니다. 내 평생의 처음 기도를 가르쳐주시고, 사랑하는 주님을 만나게 해주신 목사님. 대학 시절 잔잔한 음성으로 열정적인 말씀을 저희에게 해주시고, 독수리의 날개 침같이 그리스도의 복음을 전하신 목사님의 부음은 청천벽력이었고 안타까웠습니다.

CCC(대학생선교회)라는 모임을 통해 사랑과 열정과 삶의 목표를 알게 하시고 CCC편지에는 감동어린 글을 적어주시고,

LTC(지도자 훈련과정) 중 반두센 레터에서 플러그를 통한 말씀공급예화는 40년이 넘게 기억이 새롭습니다.

1970년 12월 31일부터 3박 4일 동안 수원농대 강당에서 전국수련회를 하면서 하신 약속이라는 말씀을 우리에게 각인시킨 일, '민족의 가슴마다 피묻은 그리스도를 심어 푸르고 푸른 그리스도의 계절이 오게 하자'라고 말씀하시던 일. 약속이라도 한 것처럼 창밖에는 흰 눈이 펑펑 내리고, 수련회를 통한 그리스도의 사랑과 믿음 그날의 감동은 마음속 풍경이 되었습니다.

춘천, 대전. 마석의 천막에서 보낸 여름수련회는 우리에게 가난한 순례자의 길을 가르쳐주시고, 진정으로 우리가 사모할 것을 가르쳐주신 목사님이 계셨기에 오늘의 제가 있음을 이제야 알겠습니다.

섬마을에서 교사초년병 시절을 보낼 때, 시간 내어 참석한 수도사대에서 펼친 홈 컴잉 데이의 즐거움, 나사렛 형제들 가정모임에 참석하여 진정한 교제의 삶도 알게 하시고, 학생들을 가르치는 교직생활에서도 또한 아름다운 학교생활을 할 수 있게 됨도. 예그린이라는 신우회 모임을 통해 교사간의 솔직하고 서로 아끼는 마음으로 30년 넘게 학교생활을 할 수 있게 됨도 모두 목사님 덕분이었습니다.

인생에서 중요하지 않은 시기가 하나도 없지만 저에겐 대학생활이 큰 전환점이었습니다. 새롭고 열정적인 CCC모임에서 목사님의 설교는 감동적이었습니다. 명작 속에 나타난 청년들의 갈등문제를 비유로 말씀하신 문학 강의였습니다.

1960년대 충무로에 있던 CCC사무실은 계단이 삐걱거리는 열악한 환경인데도 많은 대학생들이 모였습니다. 주일오후 3시에 모인 저희들은 기쁨이 있고 사랑이 넘쳤습니다. 차분하신 윤두혁 목사님, 유학생활을 재미있게 들려주신 윤남중 목사님, 정정섭, 두상달, 김성보, 허임자, 박풍산, 이균형, 이중요, 손동아 형제자매들과 함께한 전공과 관계있는 society 활동은 실제 학교생활보다 학교 밖에서 배움이 컸습니다. 저에게는 비워있던 부분이 채워지는 시기였나 봅니다.

결혼하고 아이들과 생활하던 중 CCC여름수련회 소식이 전해지면 저는 기도로 참석했습니다. 언젠가 부암동 CCC훈련원에도 찾아가 보았습니다. 주일이 아니어서 예배는 참석치 못했지만 기도실, 회의실, 사무실 등을 보고 몇 분만 만나보고 온 적이 있습니다. 우연인지 제가 좋아하는 환기미술관과 가까이 있어 미술관을 찾을 적마다 옛날을 회상하곤 했습니다.

지난해 10월 1일 목사님의 장례식장으로 향할 때 저의 마음은 숙연했습니다. 단정한 검정 옷으로 예의를 갖춘 CCC가족들은 목사님 생전의 모습과 음성을 다시 대하는 듯 마음에 다짐을 하고 있는 것 같았습니다. 그동안 한 번 뵙고 가까이서 말씀 듣고 식사라도 함께 못함이 정말 서운했습니다. 다행히 저희 옛 시절을 아는 나사렛 형제분이 계셔서 그때를 회상하고 긴 이야기를 나눈 후 가져간 책 한 권(『꿈은 기다림이다』)을 드리고 돌아왔습니다.

다음날 영락교회에서 장례예배에 참석하느라 2시간 전에 도착했는데 벌써 전국에서 모인 청년들이 합창으로, 말씀으로 한경직 목사님 기념예배당을 꽉 채웠습니다. '그리스도와는 바꿀 수 없네', '민족의 가슴마다 그리스도를 심자' 엄숙하고 비장한 그리스도의 사랑으로 무장한  참석자의 기운이 넘쳤습니다.

목사님 안녕히 가십시오.

목사님과 모습이 닮은 든든한 사위, 딸, 처음 뵌 사모님, 1960년대 나사렛형제들인 신준옥, 두상달, 김인민 형제가 운구행렬에 앞장서고, 역사 깊은 교회를 떠나는 목사님을 그리는 인파를 뒤로하고 집으로 왔습니다.

목사님은 저에게 참 스승이셨습니다. 조용하고 열정이 넘치신 모습. 청년을 사랑하시고 끊임없이 새롭게 주님의 일을 계획 실천하시며 성경 속에 나타난 인물을 그중에서 구약성서 욥기를 마음 깊게 깊게 설교하셨던 생전의 모습을 그리워합니다. 구약을 처음 산 것이 1969년 5월입니다. 40년 된 성경을 귀하게 보며 푸른색으로 줄그으며 주님의 말씀을 보고 새벽 조용한 시간을 갖습니다.

어려운 환경도 묵묵히 견디며, 힘을 얻게 해주신 목사님이 그립습니다. 시간 내어 부암동 CCC훈련원을 찾아가보겠습니다. 2009년 10월은 저에게 다시 용기를 갖게 하는 달로 정해야겠습니다. 목사님 존경합니다. 편히 쉬세요. 그리고 저희를 지켜봐주시고 항상 잔잔하게 인도하여 주세요. 목사님.

2010년 1월 11일 눈 내린 새벽에.

# 나의 수련장

나는 매일 아침 20분씩 걸어서 출근한다. 걷는 동안 살아 있음에 감사하고 또 학교에서 수업할 소재를 찾는다. 자유롭게 현장연수를 하는 느낌이다.

2년 전 이곳 봉천동으로 이사를 왔다. 높은 산동네에 고층 아파트가 세워진 곳으로 5천 세대가 넘는 대단지이다. 우리 집이 되려고 그랬던지 높다는 생각이 별로 없고 조경이 잘 되어 있다는 말을 듣고 두 번 구경하고는 결정한 곳이다.

아파트 단지 안에 놀이터, 농구장, 테니스장이 있고 자연 학습장을 연상하게 되는 각종화초와 나무들은 내가 보아온 조경 중 뛰어났다. 3월말 쯤 노란 산수유가 선보이기 시작하여 4월,

5월에는 진달래, 라일락이 피고 6월에는 상아빛 마가렛, 장미, 난초가 핀다. 8월, 9월에는 연한 보라색 들국화가 피고 꽃사과, 단풍나무, 잘 손질된 소나무 등 별난 나무들이 많아 연중 즐거움을 주고 있다. 아파트 이름도 꿈의 동산인 드림타운(Dream town)이다.

우리 아파트 앞에는 2층으로 된 주차장이 있고 옆에 비스듬히 나무들이 각기 다른 모습으로 서 있다. 늦가을 탓인지 단풍이 누렇게 물들고 은색이 들어간 붉은 빛은 황홀하기까지 하다. 어느 날엔 누런 잎들이 우수수 떨어져 있어 가을의 정취를 더하고 있다.

오른쪽 경사진 곳으로 3분쯤 오르면 두 줄로 늘어선 나무들이 다양한 옷들을 입고 있다. 녹색, 연녹색 가끔 붉은 색 등 짙은 갈색 나무 가지에 형형색색 잎들이 마치 특이한 옷차림을 한 세계 민속 의상 전시장 같아 더욱 흥미롭다. 깨끗한 보도와 조금 멀리 보이는 나무숲은 여러 가지 색이 어울려 좋은 모습을 보이고 나를 정화시키는 것 같다. 주어진 역할에 순종하며 함께 어울리는 모습에서 편견 없는 생각과 분수를 아는 나무들의 조용한 몸짓을 배우게 되니 첫 번째 수련장인 셈이다.

조금 걸으면 S자모양의 놀이터가 나온다. 미끄럼틀, 바이킹 놀이 하는 기구도 있다. 한쪽 옆에 아주 작은 공간이 있다. 봄

철에 소박한 옆모습을 보인 할머니가 호미를 가지고 밭을 일구시더니 여러 종류의 꽃들이 키 맞추어 귀엽게 피어 있었다. 조그만 정성이 지나는 사람들에게 즐거움을 주는 꽃밭 선물이다. 작은 관심이 남을 위한 봉사로 이어진 것이다. 두 번째 수련장인 셈이다.

길 건너 경사진 보도를 따라 가다가 골목길로 들어선다. '늘벗길'로 적힌 주택지명이 이채롭다. 이른 시간인데도 집 앞에 물청소한 흔적이 있는 단독 주택들이 줄맞추어 있다. 오래된 화분이 밖에 나와 있는 니트 공장 건물도 있다. 큰길로 내려오면 독서실, 소금사우나, 철학관, 중국집, 조명기구 전시장 등 소박한 인심이 묻어날 듯 여러 종류의 가게가 많다.

서울대입구 전철역까지 가려면 아직 더 가야 한다. 좁은 골목길옆 감나무가 보기 좋게 휘어진 집이 있다. 어두운 갈색 타일벽에 집은 수수하나 녹색 잎 사이로 감이 주렁주렁 매달려 있는 모습은 시골 풍경처럼 정겹다. 교직에 처음 나왔을 때인 경기도 여주에서 근무할 때다. 학교 앞 하숙집에서 본 감나무 풍경이 떠올랐다. 그때도 10월이었다. 시린 물로 세수할 때 바라본 파란 하늘과 예쁜 감빛은 인상적이었다. 출근길에 감나무를 보면서 과연 나는 열매 맺는 일을 하고 있는가? 매일 대하는 학생들에게 바람직한 성장을 위한 작은 밑거름역할을 하고 있는지 다시 생각해본다. 또한 학생들의 밝은 얼굴에서 순수함도 배우고 있다. 삶은 대화이고 교제인 것 같다. 세 번째 수련장을 지났다.

전철역 가기 전 중앙시장 뒤편에 명랑한 노랫소리가 나오는 제과점이 있다. 유리창 너머 직접 보이는 곳에서 빵 반죽을 하고 케이크에 마지막 데코레이션까지 하는 젊은 주인은 무척 건강하고 밝은 표정이다. 일한다는 것이 이렇게 힘을 주는 것 같다. 너무 많은 종류의 빵을 진열해 놓아 맛은 크게 호기심이 가지 않으나 주인과 음악소리에 시선이 끌린다. 즐겁게 일하는 모습이 좋아 보인다. 자기가 선택한 직업에 근면과 의욕이 돋보이는 것 같아 나도 힘이 생긴다. 네 번째 수련장인 셈이다.

이래서 정해진 나의 아침 출근길은 즐겁다. 조용한 곳을 지날 땐 콧노래를 부르다가 건강한 이웃의 삶의 현장이 보이기 시작하면 나도 모르게 힘이 나고 삶의 의욕도 생긴다.

학교에서 진로 상담을 하고 있는 나에게는 출근길에서 얻는 소재와 주제들이 큰 도움을 준다. 반듯하고 예의바른 학생보다 불안정하지만 노력하는 학생들과 표현이 자유로운 학생들에게 더욱 관심이 간다. 모두 출근길 덕분이다. 해서 나는 차를 타지 않고 늘 걸어서 출근을 한다.

## 나팔꽃

오늘도 가벼운 마음으로 집을 나섰다. 집 앞 낮은 울타리 아래 노란 꽃이 두 송이 피어있다. 색은 노란 해바라기빛인데 브로치모양이고 정확한 이름을 모르는 꽃이다. 눈길을 한 번 주고 약간 오르막길을 걷는다. 좌우에 구절초가 단정하게 피어있다. 올해는 거름이 적었는지 꽃이 작고 윤기가 덜해 쓸쓸해 보인다. 아니면 구절초가 빛이 약해질 시기가 온 것인지 모르겠다.

조금 걸으면 놀이터 입구에 키 큰 나무가 있고 옆에 화분도 몇 개 있다. 오늘은 색다른 손님이 왔다. 파란 나팔꽃이 인사를 한다. 오랜만에 나팔꽃을 보니 반갑다. 가늘고 부드러운 줄기는 감추고 가을하늘처럼 티 없이 맑은 하늘색 나팔꽃이 싱싱하게 웃고 있다. 분홍, 보라색은 많이 보았지만 파란색은 오랜만이다.

나팔꽃은 관상용으로 심지만 빈 터나 길가에서 야생하고 가는 줄기가 다른 식물이나 물체를 왼쪽으로 3미터 정도 감아 올라간다고 한다. 해가 짐과 동시에 개화 준비를 하고, 새벽 4시면 꽃망울이 열리기 시작하여 5시가 되면 완전히 꽃이 피는 부지런한 꽃이다.

몇 해 전 도심에서 떨어진 단독주택에서 살 때 우리 집엔 꽃밭이 있었다. 꽃밭에는 분꽃, 난초, 모란도 있고 나팔꽃, 맨드라미 등 옛날 꽃이 많았다. 거기에다 화분도 한몫했다. 동백나무, 동양란, 선인장 등 취미가 다양한 남편 덕으로 집에는 손길이 가는 일감들이 많았다. 남편은 매해 식목일이면 일년초 꽃모종을 사서 현관 계단을 장식하고 화분도 아이들과 직접 분갈이도 한다. 어느 해 식목일엔 목련을 없애고 매화를 심고 담쟁이 찔레꽃으로 울타리를 꾸몄다. 거름도 잘 챙겨서인지 부근에서는 우리 집 찔레가 제일 번성하고 색도 고왔다.

옆집에는 부지런하고 다방면에 솜씨가 있는 아주머니가 살았다. 높게 만들어진 장독대에 희귀한 화초가 많고 좁은 흙 마당에 수세미농사까지 선보였다. 어느 날 출근길에 집 대문 위에 보랏빛 나팔꽃과 수세미 행렬이 너무 예뻐서 사진 한 장 찍어 두자고 했더니, 남편은 선뜻 사진을 찍어서 크게 확대하여 서재에 오래두고 보았다. 단호한 겉모습과는 다르게 우리 집의 살림꾼은 남편이었다. 잠시도 손을 놓지 않고 무엇인가에 몰두하는, 온몸으로 살았던 실천가인 남편의 모습이 나팔꽃과 어우러진다.

옛날에는 붉은 사루비아 꽃을 좋아했었다. 8월의 뜨거웠던 아스팔트 옆에 무리지어 피어있는 붉은 사루비아 꽃은 정말 예뻤다. 그런데 언젠가부터 조용하고 부드러운 꽃이 가깝게 느껴졌다. 단정하고 소박하며, 아침 일찍부터 준비하는 나팔꽃이 새벽을 좋아하고 아침을 좋아하는 나의 속성과 닮은 점이 있는 것 같다.

근무하는 학교에 동호인 모임이 있다. 항상 밝은 얼굴로 인사를 하는 젊은 영어선생이 있다. 얼굴빛도 희고 단정한 태도에 맑은 목소리로 눈은 반쯤 웃고 소박한 질감의 옷을 즐기는 선생이다. 출근길에 나팔꽃을 보았다고 말하자 예의 단정한 얼굴로 웃으면서 "네에~모닝글로리요!" 하는데 어감이 좋았다. 모닝! 모닝글로리! 이제부턴 S선생을 '모닝글로리'라고 불러야겠다. 이 또한 나팔꽃으로 얻게 된 작은 기쁨이다.

내가 문구류를 좋아하게 된 것은 초등학교 때부터다 부드러운 크레파스를 선물 받고 오래 쓰려고 색을 연하게 칠한 적도 있었다. 특히 수첩이나 노트 그중에 중간 두께의 스프링이 없는 노트를 좋아한다. 자유롭게 무언가를 적기 위한 노트를 구입할 때는 우연인지 모두 소박한 모닝글로리 표다. 겉장을 넘기면 왼쪽에 시력보호용 판이 있다. 내가 좋아하는 연한 녹색이다. 노트를 펼칠 때마다 한 번씩 쳐다보는 녹색공간을 누가 생각했을까? 건강까지 고려한 아이디어가 배울 점이다.

살아가면서 느끼는 작은 즐거움들은 삶의 활력을 준다. 출근길에서 만난 단정한 나팔꽃, 무리지어 피어있는 붉은 사루비아꽃, 근무 중에 듣게 되는 밝고 맑은 동료의 목소리, 문구점에서 임자를 기다리는 소박한 노트와 귀여운 수첩 등 모두 조용한 기쁨들이다.

# 연두(軟豆)사랑과 그 동화(同化)에의 미학

- 『꿈, 연두로 그리다』에 부쳐

오창익

(문학박사 · 創作隨筆 발행인)

연두(軟豆)는 누른빛을 띤 연한 초록색이다. 또한 그 연두는 남복희 님의 이메일 아이디이자 아호다. 그래서인가, 그는 그 연하고도 부드럽다는 연(軟) 자를 좋아한다. 좋아하는 정도가 아니라 사랑한다. 아니, 너무나도 사랑하는 나머지 결국엔 그 '軟'과 하나가 된다. 삶도 문학도.

해서, 그의 작품을 읽어가노라면 소재에 동화되고 자기화하는 마음자리부터가 바로 그 연(軟) 자체임을 쉽게 발견하게 된다. 눈과 마음으로 끌어당기는 소재의 질(質)이나 바탕색(色)도 예외 아니다. 연두인가 하면 연보라이고, 연보라인가 하면 연분홍이다. 또 연초록이다. 행간마다는 아니지만 거의 한 작품 건너서다. 그러니, 그의 수필은 마음으로 그리는 그 나름의 연(軟)의 수채화다.

본시 그 연(軟)은 '부드럽고 연함'을 뜻하기에 무엇이든 편하게(연하게) 수용하고, 부드럽게 흡수하는 변화와 창조에의 무한한 가능성을 갖는다.

하여, 주어진 소재에의 동화는 물론, 그를 자기화함으로써 새로운 순수, 즉 개성어린 의미화로 인간적인, 보다 인간적인 감동을 작품마다에서 빚어놓는다 그게 남복희 문학이고, 연두의 수필이다.

그래서인가, 그는 자기 수필밭에다 '꿈사랑'과 '가족사랑'이란 두 그루의 과일나무를 심어놓고 빨갛고 노란 열매를, 기다림과 정바라기란 행복을 수도 없이 따낸다.

빨갛고 노란 열매만 편애하는 감이 없지 않지만, 그게 '연두 수필'의 체질이고, 개성이고, 특성인 것을 어찌 하랴.

이해의 도움을 위해 필자가 40여 편이나 되는 그의 글을 읽으면서 '이거다! 이게 바로 연두의 실체다!'라며 밑줄을 그었던 몇몇 대목들을 여기 공개한다.

· 잠자는 손주를 들여다보다 너무나 행복해서 그만 잠든 얼굴에 눈물방울을 떨어뜨리고 마는 연두
· 먼저 세상을 버린 임이 그리운 날엔 우산도 없이 꽃비를 맞으며 산엘 가는 연두
· 진정 자기 모습이 그리워 애가 탈 땐 혼자 여행 가방을 챙기는 연두
· 뭔가 살기가 시들하고 울적할 땐 역시 혼자서 미술관을 찾는 연두
· 그러다가, 무더운 여름날엔 선풍기 대신 장식장에 얹어놓은 파란 청자항아리를 바라보며 느긋하게 땀을 식히는 연두

그랬다. 이런 연두의 여러 모습들이 '남복희 수필'이란 빛 고운 별서(別墅)를 짓는데 분명 기둥이 되고 서까래가 되었을 것이다. 해서, 그의 '수필건축(建築)'은 늘 안정감이 있고, 그의 '수필미학(美學)'은 늘 읽는 이를 포근히 감싸주고 즐겁게 한다.